Wirtschaftsrecht 2020
Trends & Entwicklungen

Baker McKenzie.

Wirtschaftsrecht 2020
Trends & Entwicklungen

Nadine Bosshard, CEMS MIM
Dr. Matthias Courvoisier, MSc in Finance (London Business School)
Prof. Dr. Joachim Frick, LL.M./J.S.D.
Dr. Marcel Giger, M.C.J.
Prof. Dr. Lukas Glanzmann, LL.M.
Dr. Valentina Hirsiger
Selina Many, dipl. Steuerexpertin
Dr. Sandra Marmy-Brändli
Dr. Manuel Meyer
Dr. Philippe Monnier
Kilian Perroulaz, dipl. Steuerexperte
Sylvia Polydor, LL.M.
Philippe M. Reich, LL.M.
Dr. Peter Reinert, LL.M.
Dr. Julia Schieber
Dr. Martina Patricia Steiner
Eva-Maria Strobel, EMLE
Gabrielle Tschopp, M.A. HSG in Law
Boris Wenger, J.S.M.

Schulthess § 2020

Bibliografische Information der Deutschen Nationalbibliothek
Die Deutsche Nationalbibliothek verzeichnet diese Publikation in der Deutschen Nationalbibliografie; detaillierte bibliografische Daten sind im Internet über http://dnb.d-nb.de abrufbar.

Alle Rechte, auch die des Nachdrucks von Auszügen, vorbehalten. Jede Verwertung ist ohne Zustimmung des Verlages unzulässig. Dies gilt insbesondere für Vervielfältigungen, Übersetzungen, Mikroverfilmungen und die Einspeicherung und Verarbeitung in elektronische Systeme.

© Schulthess Juristische Medien AG, Zürich · Basel · Genf 2020
ISBN 978-3-7255-8156-6

www.schulthess.com

Vorwort

Die Reihe «Wirtschaftsrecht – Trends & Entwicklungen» wurde 1999/2000 unter dem Titel «Entwicklungen im Schweizerischen Wirtschaftsrecht» begonnen und erscheint nun in neuem Kleid. Sie soll Juristen und Nichtjuristen einen Überblick über die neuesten Entwicklungen in den wichtigsten Gebieten des schweizerischen Wirtschaftsrechts verschaffen. Ziel ist es, in knapper Form die Entwicklungen des letzten Jahres, wie sie sich aus Gesetzgebung und Rechtsprechung ergeben, zusammenzufassen und mit einem Ausblick über zu erwartende Rechtsänderungen zu ergänzen.

Dies ist ein Gemeinschaftswerk der nachfolgend aufgeführten Anwälte und Steuerexperten der Kanzlei Baker McKenzie Zürich. Die abschliessenden Redaktionsarbeiten übernahmen Joachim Frick und Stefanie Ambühl. Erfasst wurden die folgenden Gebiete:

1. **Gesellschaftsrecht** (Lukas Glanzmann, Manuel Meyer)
2. **Finanzmarktrecht** (Marcel Giger)
3. **Kapitalmarktrecht** (Matthias Courvoisier)
4. **Arbeitsrecht** (Peter Reinert)
5. **Sozialversicherungsrecht** (Philippe Monnier, Martina Patricia Steiner)
6. **Steuerrecht** (Kilian Perroulaz, Selina Many)
7. **Kennzeichenrecht** (Julia Schieber, Sylvia Polydor, Nadine Bosshard)
8. **Urheber- und Designrecht** (Eva-Maria Strobel, Sandra Marmy-Brändli)
9. **Wettbewerbsrecht** (Philippe M. Reich, Boris Wenger)
10. **Schiedsgerichtsbarkeit** (Joachim Frick, Gabrielle Tschopp)
11. **Vertragsrecht und Vertragsmanagement** (Valentina Hirsiger)

Die vorliegende Ausgabe beschäftigt sich zur Hauptsache mit den Gerichtsentscheiden, die zwischen 1. Januar und 31. Dezember 2019 publiziert worden sind; sie gibt aber auch einen Überblick über künftige Entwicklungen, soweit entsprechende Vorhaben des Gesetzgebers bekannt sind. Die Autoren hoffen, auch in diesem Jahr eine für die Praxis geeignete Übersicht über die neusten Rechtsentwicklungen vorgelegt zu haben.

Zürich, im März 2020   Joachim Frick

Autorenverzeichnis

Nadine Bosshard

Nadine Bosshard, CEMS MIM, ist Mitglied der Praxisgruppe Geistiges Eigentum und Technologie von Baker McKenzie in Zürich. Sie berät internationale und inländische Klienten hauptsächlich in den Bereichen Immaterialgüter-, IT- und Wirtschaftsrecht.

Kennzeichenrecht

Matthias Courvoisier

Dr. Matthias Courvoisier, MSc in Finance, ist Partner und Co-Head der Capital Markets Practice Group von Baker McKenzie Zürich und Mitglied des EMEA Capital Markets steering committees von Baker McKenzie. Sein primärer Fokus liegt auf Kapitalmarkttransaktionen und M&A-Transaktionen mit kotierten Unternehmen.

Kapitalmarktrecht

Joachim Frick

Prof. Dr. Joachim Frick, LL.M./J.S.D., ist Partner in der Disputes und der Financial Services Gruppe mit Schwerpunkt handelsrechtliche Streitigkeiten und Versicherungsrecht. Er vertritt Klienten regelmässig in schweizerischen und internationalen Schiedsgerichtsverfahren sowie vor schweizerischen Gerichten und der Finanzmarktaufsicht. Er ist Titularprofessor an der Universität Zürich und als Anwalt in Zürich und New York zugelassen.

Schiedsgerichtsbarkeit

Autorenverzeichnis

Marcel Giger

Marcel Giger ist Partner und Co-Head sowohl der Financial Services als auch der Capital Markets Practice Group von Baker McKenzie Zürich. Er ist vor allem in den Gebieten Kapitalmarkt, Banken- und Finanzierungsrecht, Mergers & Acquisitions sowie Gesellschaftsrecht tätig.

Finanzmarktrecht

Lukas Glanzmann

Prof. Dr. iur. Lukas Glanzmann, LL.M., ist Partner bei Baker McKenzie Zürich und hauptsächlich in den Bereichen Fremdkapitalfinanzierung, Sanierung, Gesellschafts- und Rechnungslegungsrecht sowie M&A tätig. Lukas Glanzmann ist Titularprofessor für Wirtschaftsrecht an der Universität St. Gallen und Mitglied der Eidg. Expertenkommission für das Handelsregister.

Gesellschaftsrecht

Valentina Hirsiger

Dr. Valentina Hirsiger ist Mitglied der Arbitration- und Litigation-Gruppe von Baker McKenzie in Zürich. Dr. Hirsiger begleitet Mandanten in zivil- und handelsrechtlichen Prozessen vor staatlichen Gerichten und Schiedsgerichten und berät sie in allgemeinen vertrags- und gesellschaftsrechtlichen Angelegenheiten.

Vertragsrecht und Vertragsmanagement

Selina Many

Selina Many ist Mitglied der Praxisgruppe Swiss Tax von Baker McKenzie in Zürich. 2019 erlangte sie den zusätzlichen Abschluss der dipl. Steuerexpertin als schweizweit beste Kandidatin. Selina Many ist sowohl beratend als auch prozessierend tätig. Daneben fungiert sie als Mitherausgeberin von *taxlawblog.ch,* welcher wöchentlich über Entwicklungen im schweizerischen Steuerrecht berichtet.

Steuerrecht

Autorenverzeichnis

Sandra Marmy-Brändli

Dr. Sandra Marmy-Brändli ist Mitglied der Praxisgruppe Geistiges Eigentum und Technologie von Baker McKenzie. Sie berät internationale Unternehmen in den Bereichen Immaterialgüter-, IT- und Wirtschaftsrecht. Daneben verfasst sie regelmässig Publikationen und leitet als Dozentin Kurse im Bereich Immaterialgüterrecht an der Universität St. Gallen.

Urheber- und Designrecht

Manuel Meyer

Dr. iur. Manuel Meyer ist Partner bei Baker McKenzie Zürich und Mitglied des globalen Innovationskomitees von Baker McKenzie. Manuel Meyer ist hauptsächlich in den Bereichen Gesellschaftsrecht, Umstrukturierungen sowie M&A tätig. Er ist Gastreferent an der Hochschule Luzern.

Gesellschaftsrecht

Philippe Monnier

Dr. Philippe Monnier ist Mitglied der Praxisgruppe Dispute Resolution sowie Arbeitsrecht von Baker McKenzie in Zürich. Er berät Klienten in sämtlichen Fragen des schweizerischen Arbeitsrechts, einschliesslich Umstrukturierungen, Betriebsübergängen, Massenentlassungen und Übernahmen.

Sozialversicherungsrecht

Kilian Perroulaz

Kilian Perroulaz ist Partner und leitet die Schweizer Steuergruppe von Baker McKenzie Zürich. Seine Tätigkeitsschwerpunkte liegen in den Bereichen Steuer- und Transaktionsberatung, private M&A-Transaktionen sowie Reorganisationen und Umstrukturierungen, einschliesslich Steuerplanungs- und Steuerstrukturierungsberatung und Verhandlung von Steuerrulings sowie Vertretung in Steuerstreitigkeiten (Betriebsprüfungen und Steuerverfahren).

Steuerrecht

Autorenverzeichnis

Sylvia Polydor

Sylvia Polydor, LL.M., ist Mitglied der Praxisgruppe Geistiges Eigentum und Technologie von Baker McKenzie. Sie berät internationale Unternehmen sowie Start-ups hauptsächlich in den Bereichen Immaterialgüter-, Technologie- und Wirtschaftsrecht, sowie Vertragsrecht und Gesellschaftsrecht. Sie verfasst regelmässig Publikationen insbesondere im Bereich neue Technologien.

Kennzeichenrecht

Philippe M. Reich

Philippe M. Reich ist Partner und leitet die Antitrust, Trade & EU Law Practice Group von Baker McKenzie Schweiz. Er praktiziert vornehmlich in den Bereichen Kartell- und Wettbewerbsrecht sowie internationales Wirtschaftsrecht.

Wettbewerbsrecht

Peter Reinert

Dr. Peter Reinert, LL.M., ist Partner und leitet die Schweizer Employment & Compensation Practice Group von Baker McKenzie. Seine Praxisschwerpunkte liegen im Arbeitsrecht, im Heilmittelrecht und in der Begleitung von Klienten bei Umstrukturierungen. Er vertritt Mandanten regelmässig in arbeitsrechtlichen Streitigkeiten.

Arbeitsrecht

Julia Schieber

Dr. Julia Schieber ist Mitglied der Praxisgruppe Geistiges Eigentum und Technologie von Baker McKenzie Zürich. Sie berät internationale und inländische Klienten hauptsächlich in den Bereichen Immaterialgüter-, IT- und Wirtschaftsrecht.

Kennzeichenrecht

Autorenverzeichnis

Martina Patricia Steiner

Dr. Martina Patricia Steiner ist Mitglied der Praxisgruppe Dispute Resolution sowie des Arbeitsrechtsteams von Baker McKenzie in Zürich. Dr. Steiner promovierte mit ihrer Dissertation über Zivilprozessrecht und verfügt über Nachdiplomabschlüsse im Bereich Mediation und Forensics. Sie vertritt regelmässig Klienten vor schweizerischen Gerichten und ist ausserdem beratend im Arbeitsrecht tätig.

Sozialversicherungsrecht

Eva-Maria Strobel

Eva-Maria Strobel ist Partnerin in der Intellectual Property Practice Group und seit 2003 als Rechtsanwältin für Baker McKenzie in den Büros Frankfurt und Zürich tätig. Sie ist sowohl in Deutschland als auch in der Schweiz zugelassen und unterstützt nationale und internationale Mandanten bei der Entwicklung und Umsetzung einer globalen und umfassenden IP-Schutzstrategie sowie der Kommerzialisierung der Rechte.

Urheber- und Designrecht

Gabrielle Tschopp

Gabrielle Tschopp ist Mitglied der Praxisgruppe Dispute Resolution sowie des Investigations- & Compliance-Teams von Baker McKenzie in Zürich. Vor ihrem Eintritt in die Kanzlei hat sie u.a. für eine chinesische sowie eine schweizerische Anwaltskanzlei in China gearbeitet. Sie vertritt Klienten in zivil- und handelsrechtlichen Prozessen vor staatlichen Gerichten und Schiedsgerichten.

Schiedsgerichtsbarkeit

Autorenverzeichnis

Boris Wenger

Boris Wenger ist Partner und Mitglied der Praxisgruppen Antitrust, Compliance & Investigations und International Commerce & Trade von Baker McKenzie Schweiz. Er praktiziert vornehmlich im Bereich Kartell- und Wettbewerbsrecht. Weiter unterstützt er Klienten beim Aufbau von Compliance Management Systems, führt Compliance Risk Assessments durch und berät seine Kunden in aufsichtsrechtlichen Angelegenheiten einschliesslich des öffentlichen Beschaffungswesens.

Wettbewerbsrecht

Inhaltsverzeichnis

Gesellschaftsrecht (Glanzmann, Meyer) (Seite 1–17)

- I. Neue Entwicklungen 1
  - 1. Global Forum Gesetz 1
  - 2. Einführung des Registerwertrechts 2
  - 3. Grosse Aktienrechtsrevision 2
  - 4. Konzernverantwortungsinitiative 2
- II. Rechtsprechung 3
  - 1. Rechtsprechung Kapitalgesellschaften (AG und GmbH) 3
    - 1.1 Vinkulierung 3
    - 1.2 Klage auf Einberufung einer Generalversammlung 4
      - a) Kostentragung bei Durchführung der Generalversammlung 4
      - b) Überspitzer Formalismus 5
      - c) Bei Rechtshängigkeit eines Ausschlussverfahrens ... 6
    - 1.3 Einsichtsrecht 7
    - 1.4 Sonderprüfung 8
    - 1.5 Recht des Gesellschafters auf Eintragung ins Handelsregister 8
    - 1.6 Vertretung der Gesellschaft durch faktische Organe 10
    - 1.7 Verantwortlichkeit des Verwaltungsrats 11
      - a) Verantwortlichkeit im Konzern 11
      - b) Geschäftsführerhaftung nach Art. 52 AHVG 13
  - 2. Rechtsprechung übriges Gesellschaftsrecht 15
    - 2.1 Einfache Gesellschaft 15
    - 2.2 Genossenschaft 17

Finanzmarktrecht (Giger) (Seite 19–30)

- I. Neue Entwicklungen 19
  - 1. Gesetzgebung 19
    - 1.1 FIDLEG und FINIG 19
      - a) Zusammenfassender Überblick FIDLEG 19
      - b) Zusammenfassender Überblick FINIG 20
      - c) Übergangsfristen 21

         1.2 KAG: Limited Qualified Investor Fund (L-QIF) 23
         1.3 Bankeninsolvenz, Einlagensicherung und Segregierung   24
         1.4 Geldwäschereibekämpfung 25
         1.5 Blockchain/DLT 26
      2. Verordnungen, Richtlinien und Rundschreiben 27
         2.1 Kleinbankenregime 27
         2.2 Rechnungslegung 27
         2.3 Kryptowährungen/Stable-Coins 27
         2.4 Verordnung zum Finanzmarktaufsichtsgesetz 29
         2.5 FINMA Risikomonitor 2019 29
   II. Regulatorische Rechtsprechung und Fallpraxis der FINMA 30

Kapitalmarktrecht (Courvoisier)   **(Seite 31–37)**
   I. Neue Entwicklungen 31
      1. FIDLEG und FIDLEV 31
         1.1 Prospektpflicht und Ausnahmen 31
         1.2 Prospektinhalt 32
         1.3 Prüfung von Prospekt und Nachträgen, Effekt von
             Nachträgen 32
         1.4 Basisinformationsblatt 34
         1.5 Werbung 34
         1.6 Haftung 35
      2. Regulierung der SIX Swiss Exchange 35
         2.1 Regulierung in der Übergangsfrist 35
         2.2 Neue Regeln für das reine Listing 36
   II. Praxis 36
         1.1 Praxis der Übernahmekommission 36
         1.2 Praxis der Börse 37

Arbeitsrecht (Reinert)   **(Seite 39–51)**
   I. Gesetzgebung 39
      1. Lohngleichheitsanalyse 39
      2. Stellenmeldepflicht 39
      3. Vaterschafts- und Adoptionsurlaub 40
      4. Teilflexibilisierung des Arbeitsgesetzes 40

II. Rechtsprechung 40
   1. Abgrenzung des Arbeitsvertrages vom Unterrichtsvertrag ... 40
   2. Kein Arbeitsvertrag mit CEO und 50% Aktionär 41
   3. Keine Pflicht zur Anzeige der Schwangerschaft 42
   4. Lohnzahlung in Euro 42
   5. Einbezug der Kommissionen in den Ferienlohn 42
   6. Entschädigung für Home Office 43
   7. Bonus 43
   8. Zulässigkeit des Abzugs sämtlicher Sozialversicherungs-
      beiträge bei der Bonusberechnung 45
   9. Grenzen des Gleichbehandlungsgebotes 45
   10. Verwirkung von Kommissionsansprüchen 45
   11. Verwirkung eines Überzeitanspruches 46
   12. Gültigkeit Kettenarbeitsvertrag 46
   13. Missbräuchlichkeit einer Kündigung infolge individueller
       Charakterzüge? 47
   14. Kündigung auf zu frühen Termin als fristlose Kündigung ... 47
   15. Gültigkeit des nachvertraglichen Konkurrenzverbotes 48
   16. Sexuelle Belästigung muss keinen sexuellen Bezug aufweisen 49
   17. Diskriminierung aufgrund von Homosexualität stellt keine
       Geschlechterdiskriminierung dar 49
   18. Betriebsübergang trotz neuen Betriebskonzepts 50
   19. Bewilligung von Arbeit an Feiertagen 50
   20. Normalarbeitsvertrag 50

Sozialversicherungsrecht (Monnier, Steiner)   **(Seite 53–62)**

I. Neue Entwicklungen 53
   1. AHV/IV/EL: Erhöhung der Beiträge 53
   2. Berufliche Vorsorge 53
      2.1 Mindestzinssatz bleibt unverändert bei 1% 53
      2.2 Anpassung der BVG-Hinterlassenen- und Invaliden-
          renten an die Preisentwicklung 54
   3. Krankenversicherung 54
      3.1 Mittlere Prämie steigt um 0.2% 54
      3.2 Revidiertes Heilmittelgesetz in Kraft getreten 54
      3.3 Pflegebeitrag 54
   4. Observation von Versicherten 55

Inhaltsverzeichnis

5.	Internationales	55
	5.1 Sozialversicherungsabkommen mit Kosovo in Kraft getreten	55
	5.2 Sozialversicherungsabkommen mit Brasilien in Kraft getreten	55
	5.3 Sozialversicherungsabkommen mit Tunesien unterzeichnet	55
	5.4 Brexit: Abkommen zum Erhalt der sozialen Sicherheit unterzeichnet	55
6.	Ausblick	56
	6.1 Reform der EL	56
	6.2 Modernisierung der Aufsicht in der 1. Säule und Optimierung in der 2. Säule	56
	6.3 Stabilisierung der AHV (AHV 21)	56
	6.4 Überbrückungsleistungen für ältere Arbeitslose	56
II. Rechtsprechung		56
1.	Alters- und Hinterlassenenversicherung	56
2.	Arbeitslosenversicherung	57
	2.1 Aufschub des Anspruches auf Arbeitslosengelder wegen hoher Abgangsentschädigung	57
	2.2 Kein Anspruch des Gesellschafters einer GmbH nach deutschem GmbHG auf Arbeitslosenentschädigung	58
	2.3 Fristwahrung bei elektronischer Übermittlung namentlich der Nachweise der persönlichen Arbeitsbemühungen	58
3.	Berufliche Vorsorge	59
4.	Invalidenversicherung	60
	4.1 Voraussetzung der Auferlegung der Abklärungskosten an die Partei	60
	4.2 Voraussetzung für Abzug bei Nachzahlung der Kinderrente	60
5.	Unfallversicherung	61
	5.1 Entlastungsbeweis des Unfallversicherers bei unfallähnlichen Körperschädigungen	61
	5.2 Rückwirkende Rentenanpassung bei einer Meldepflichtverletzung	62
6.	Krankenversicherung	62

Steuerrecht (Perroulaz, Many) (Seite 63–79)

I. Neue Entwicklungen 63
   1. Nationales Steuerrecht 63
      1.1 Unternehmenssteuerreform
          (USR III / Steuervorlage 17 / STAF) 63
      1.2 Kreisschreiben und Merkblätter der EStV 67
          a) KS der EStV zur Quellenbesteuerung des
             Erwerbseinkommens von Arbeitnehmern 67
          b) Arbeitspapier Kryptowährungen und Initial
             Coin/Token Offerings (ICOs/ITOs) 68
          c) Mitteilung zur Verrechnungssteuer bei Guthaben
             im Konzern 69
      1.3 Verrechnungssteuern 69
          a) Rückerstattung der Verrechnungssteuer 69
          b) Vernehmlassung zur Revision der
             Verrechnungssteuer 70
   2. Internationales Steuerrecht 70
II. Rechtsprechung 71
   1. Entscheid zur indirekten Teilliquidation 71
   2. Entscheide zum Unternehmenssteuerrecht 72
      2.1 Steuerneutrale Holdingspaltung 72
      2.2 Umsatzregister und Effektenhändlerkarten bei der
          Umsatzabgabe 73
      2.3 Überlanges Geschäftsjahr 75
   3. Entscheid in Sachen Amtshilfe an Frankreich im Fall UBS .. 76
   4. Mehrwertsteuerentscheid zu ausgenommenen
      Finanzumsätzen 78

Kennzeichenrecht (Schieber, Polydor, Bosshard) (Seite 81–87)

I. Neue Entwicklungen 81
   1. Praxisänderungen des IGE im Jahr 2019 81
      1.1 Weniger strikte Beurteilung als beschreibende Angabe bei
          einem Hinweis eines Zeichens auf die Form der Ware ... 81
      1.2 Keine Berücksichtigung des Kaufkriteriums bei Marken
          mit Farbbezeichnungen 82

II. Rechtsprechung 82
   1. «Zurich» für Versicherungs- und Immobilienwesen –
      kein absolutes Freihaltebedürfnis 82
   2. Zivilrechtliche Ansprüche des Markeninhabers beim Import
      markenverletzender Ware zum privaten Gebrauch 84
   3. Wofür steht «Apple»? Zum Sprachwandel bei berühmten
      Marken 86

Urheber- und Designrecht (Strobel, Marmy-Brändli)   **(Seite 89–95)**

I. Gesetzgebung 89
   1. Designrecht 89
   2. Urheberrecht 89
II. Rechtsprechung 93
   1. Streamen und streamen lassen – Keine Haftung von Internet
      Access Providern für Urheberrechtsverletzungen Dritter 93
   2. Urheberpersönlichkeitsrechte sind im Vergaberecht
      grundsätzlich nicht zu beachten – Bau-Erweiterungsprojekt
      Bahnhof Zürich Stadelhofen 94

Wettbewerbsrecht (Wenger, Reich)   **(Seite 97–104)**

I. Neue Entwicklungen 97
   1. Unlauterer Wettbewerb 97
      1.1 Gesetzesänderung 97
      1.2 Politische Verstösse 97
   2. Kartelle und Wettbewerbsbeschränkungen 97
      2.1 Keine relevanten Gesetzesänderungen 97
      2.2 Politische Verstösse 98
      2.3 Erläuterungen zu vertikalen Abreden im
         Kraftfahrzeugsektor 98
   3. Ausblick 99
II. Rechtsprechung 100
   1. Unlauterer Wettbewerb 100
   2. Kartelle und Wettbewerbsbeschränkungen 100
      2.1 Wettbewerbsabreden 100
         a) Horizontale Abreden 100
         b) Vertikale Abreden 102

        2.2 Missbräuche marktbeherrschender Stellung 103
        2.3 Unternehmenszusammenschlüsse 104

Schiedsgerichtsbarkeit (Frick, Tschopp)   (Seite 105–118)
I. Neue Entwicklungen 105
II. Rechtsprechung 105
    1. Anspruch auf rechtliches Gehör 105
    2. Gültigkeit einer Schiedsvereinbarung 106
    3. Anzahl der Schiedsrichter 107
    4. Unabhängigkeit von Schiedsrichtern 108
    5. Willkür 110
    6. Fristenwahrung und überspitzter Formalismus 111
    7. Datum der Eröffnung eines Entscheids 112
    8. Abkehr vom formellen Charakter des Gehörsanspruchs
        in internationalen Schiedsverfahren 113
    9. Ausdehnung einer Schiedsklausel auf Drittparteien und
        New Yorker Übereinkommen 114
    10. Opting-out vom 3. Teil der ZPO in das 12. Kapitel
        des IPRG 114
    11. Der Ernennungsentscheid einer Schiedsinstitution ist nicht
        anfechtbar 116
    12. Rückweisung einer Streitsache ans Schiedsgericht 116
    13. Schiedsklauseln in Vereinsstatuten 117
    14. Ablehnung der Ausdehnung einer Schiedsklausel auf
        Drittpartei 117

Vertragsrecht und Vertragsmanagement (Hirsiger)   (Seite 119–129)
I. Gesetzgebung 119
II. Rechtsprechung 119
    1. Anwendbares Recht 119
    2. Vertragserfüllung und Haftung 121
        2.1 Negativzinsen bei einem Darlehensvertrag 121
        2.2 Haftung aus Optionsgeschäften in der
            Vermögensverwaltung 123
    3. Schadenersatz und Schadenersatzberechnung 124

XIX

4. Verjährung und Verjährungsunterbrechung 126
   4.1 Verjährung bei Irrtum und absichtlicher Täuschung 125
   4.2 Verjährung des Anspruchs aus ungerechtfertigter Bereicherung 127
   4.3 Verjährungsunterbrechung durch Anerkennung einer Forderung 128

Abkürzungsverzeichnis

a.a.O.	am angegebenen Ort
Abl.	Amtsblatt der Europäischen Union
Abs.	Absatz
AG	Aktiengesellschaft
AHV	Alters- und Hinterlassenenversicherung
AHVG	Bundesgesetz vom 20. Dezember 1946 über die Alters- und Hinterlassenenversicherung (SR 831.10)
AHVV	Verordnung vom 31. Oktober 1947 über die Alters- und Hinterlassenenversicherung (SR 831.101)
AOV	Verordnung vom 6. November 2019 über die Aufsichtsorganisationen in der Finanzmarktaufsicht (Aufsichtsorganisationenverordnung) (SR 956.134)
Art.	Artikel
AS	Amtliche Sammlung
ATSG	Bundesgesetz vom 6. Oktober 2000 über den Allgemeinen Teil des Sozialversicherungsrechts (SR 830.1)
AVIG	Bundesgesetz vom 25. Juni 1982 über die obligatorische Arbeitslosenversicherung und die Insolvenzentschädigung (SR 837.0)
BankG	Bundesgesetz vom 8. November 1934 über die Banken und Sparkassen (SR 952.0)
BAT	Basketball Arbitral Tribunal
BBG	Bundesgesetz über die Berufsbildung (SR 412.20)
BBl	Bundesblatt der Schweizerischen Eidgenossenschaft
Be	Kanton Bern
BEG	Bundesgesetz vom 3. Oktober 2008 über Bucheffekten (Bucheffektengesetz) (SR 957.1)
BEHG	Bundesgesetz vom 24. März 1995 über die Börsen und den Effektenhandel, Börsengesetz (SR 954.1)
BEPS	Base Erosion and Profit Shifting
BGE	offizielle Sammlung der Leitentscheidungen des Schweizerischen Bundesgerichts
BGer	weitere Entscheidungen des Schweizerischen Bundesgerichts (Urteile ab 2000)

Abkürzungsverzeichnis

BGG	Bundesgesetz vom 17. Juni 2005 über das Bundesgericht (SR 173.110)
BSV	Bundesamt für Sozialversicherungen
BV	Bundesverfassung der Schweizerischen Eidgenossenschaft vom 18. April 1999 (SR 101)
BVG	Bundesgesetz vom 25. Juni 1982 über die berufliche Alters-, Hinterlassenen- und Invalidenvorsorge (SR 831.40)
BVGer	Bundesverwaltungsgericht
bzw.	beziehungsweise
CAS	Court of Arbitration for Sport (Internationaler Sportgerichtshof)
CHF	Schweizer Franken
CISG	Übereinkommen der Vereinten Nationen über Verträge über den internationalen Warenkauf
d.h.	das heisst
DBA	Doppelbesteuerungsabkommen
DBG	Bundesgesetz vom 14. Dezember 1990 über die direkte Bundessteuer (SR 642.11)
DesG	Bundesgesetz vom 5. Oktober 2001 über den Schutz von Design (SR 232.12)
DLT	Distributed Ledger-Technologie
E.	Erwägung
EDI	Eidgenössisches Departement des Innern
EFD	Eidgenössisches Finanzdepartement
EL	Ergänzungsleistungen zur Alters-, Hinterlassenen- und Invalidenversicherung
EO	Erwerbsersatzordnung
EStV	Eidgenössische Steuerverwaltung
etc.	et cetera
EU	Europäische Union
EuGH	Gerichtshof der europäischen Gemeinschaft, Rechtsmittelinstanz, oberstes Gericht
EUR	Euro
F&E	Forschung und Entwicklung
f./ff.	und folgende Seite(n)

Abkürzungsverzeichnis

FATF	Financial Action Task Force
FIDLEG	Bundesgesetz vom 15. Juni 2018 über die Finanzdienstleistungen (Finanzdiensleistungsgesetz) (SR 950.1)
FIDLEV	Verordnung vom 6. November 2019 über die Finanzdienstleistungen (Finanzdienstleistungsverordnung) (SR 950.11)
FIFA	Fédération Internationale de Football Association
FinfraG	Bundesgesetz vom 19. Juni 2015 über die Finanzmarktinfrastrukturen und das Marktverhalten im Effekten- und Derivatehandel (SR 958.1)
FinfraV	Verordnung vom 25. November 2015 über die Finanzmarktinfrastrukturen und das Marktverhalten im Effekten- und Derivatehandel (SR 958.11)
FINIG	Bundesgesetz vom 15. Juni 2018 über die Finanzinstitute (Finanzinstitutsgesetz) (SR 954.1)
FINIV	Verordnung vom 6. November 2019 über die Finanzinstitute (Finanzinstitutsverordnung) (SR 954.11)
FINMA	Eidgenössische Finanzmarktaufsicht
FusG	Bundesgesetz vom 3. Oktober 2003 über Fusion, Spaltung, Umwandlung und Vermögensübertragung (SR 221.301)
FZA	Abkommen vom 21. Juni 1999 zwischen der Schweizerischen Eidgenossenschaft einerseits und der Europäischen Gemeinschaft und ihren Mitgliedstaaten andererseits über die Freizügigkeit (SR 0.142.112.681)
ggf.	gegebenenfalls
GlG	Bundesgesetzt vom 24. März 1995 über die Gleichstellung von Frau und Mann (Gleichstellungsgesetz) (SR 151.1)
gl. M.	gleicher Meinung
GmbH	Gesellschaft mit beschränkter Haftung
GwG	Bundesgesetz vom 10. Oktober 1997 über die Bekämpfung der Geldwäscherei und der Terrorismusfinanzierung im Finanzsektor (SR 955.0)
GwV-FINMA	Verordnung vom 3. Juni 2015 der Eidgenössischen Finanzmarktaufsicht über die Bekämpfung von Geldwäscherei und Terrorismusfinanzierung im Finanzsektor (SR 955.033.0)
HGer	Handelsgericht
HregV	Handelsregisterverordnung vom 7. Juni 1937 (SR 221.411)

Abkürzungsverzeichnis

Hrsg.	Herausgeber/in
IBA	International Bar Association
i.S.	in Sachen
i.S.v.	im Sinne von
i.V.m.	in Verbindung mit
ICC	International Chamber of Commerce
ICO	Initial Coin Offering
IFRS	International Financial Reporting Standards
IGE	Eidgenössisches Institut für Geistiges Eigentum
IPRG	Bundesgesetz vom 18. Dezember 1987 über das Internationale Privatrecht (SR 291)
IV	Invalidenversicherung
KAG	Bundesgesetz vom 23. Juni 2006 über die kollektiven Kapitalanlagen (SR 951.31)
KG	Bundesgesetz vom 6. Oktober 1995 über Kartelle und andere Wettbewerbsbeschränkungen (SR 251)
KKV	Verordnung vom 22. November 2006 über die kollektiven Kapitalanlagen (SR 951.311)
KLV	Verordnung des EDI vom 29. Februar 1995 über die Leistungen der obligatorischen Krankenversicherung (SR 832.112.31)
KS	Kreisschreiben der Eidgenössischen Steuerverwaltung
KVG	Bundesgesetz vom 18. März 1994 über die Krankenversicherung (SR 832.10)
LIBOR	London Interbank Offered Rate
lit.	litera = Buchstabe
L-QIF	Limited Qualified Investor Fund
m.w.H.	mit weitere(m)(n) Hinweis(en)
Mio.	Million(en)
MROS	Meldestelle für Geldwäscherei
MSchG	Bundesgesetz vom 28. August 1952 über den Schutz von Marken und Herkunftsangaben (SR 232.11)
MWSTG	Bundesgesetz vom 12. Juni 2009 über die Mehrwertsteuer (SR 641.20)

NBG	Bundesgesetz vom 3. Oktober 2003 über die Schweizerische Nationalbank (Nationalbankgesetz) (SR 951.11)
Nr.	Nummer(n)
NYÜ	Übereinkommen über die Anerkennung und Vollstreckung ausländischer Schiedssprüche (New Yorker Übereinkommen)
OECD	Organisation for Economic Cooperation and Development
OGer	Obergericht
OR	Bundesgesetz vom 30. März 1911 betreffend die Ergänzung des Schweizerischen Zivilgesetzbuches, Fünfter Teil: Obligationenrecht (SR 220)
PBV	Verordnung vom 11. Dezember 1978 über die Bekanntgabe von Preisen (SR 942.211)
Prof.	Professor
RAIF	Reserved Alternative Investment Fund
RAV	Regionales Arbeitsvermittlungszentrum
resp.	respektive
RPW	Recht und Politik des Wettbewerbs, juristische Zeitschrift (Bern)
Rz.	Randziffer(n)
S.	Seite(n)
SchKG	Bundesgesetz vom 11. April 1889 über Schuldbetreibung und Konkurs (SR 281.1)
SECO	Staatssekretariat für Wirtschaft
sic!	Zeitschrift für Immaterialgüter-, Informations- und Wettbewerbsrecht (Zürich)
SIF	Staatssekretariat für internationale Finanzfragen
SIX	Swiss Exchange
SJZ	Schweizerische Juristen-Zeitung (Zürich)
SNB	Schweizerische Nationalbank
SO	Kanton Solothurn
sog.	sogenannte
SR	Systematische Sammlung des Bundesrechts
STAF	Steuerreform und AHV-Finanzierung
StGB	Schweizerisches Strafgesetzbuch vom 21. Dezember 1937 (SR 311.0)

Abkürzungsverzeichnis

StHG	Bundesgesetz vom 14. Dezember 1990 über die Harmonisierung der direkten Steuern der Kantone und Gemeinden (SR 642.14)
u.a.	unter anderem
URG	Bundesgesetz vom 9. Oktober 1992 über das Urheberrecht und verwandte Schutzrechte (SR 231.1)
USD	US-Dollar
USR III	Unternehmenssteuerreform III
usw.	und so weiter
u.U.	unter Umständen
UVG	Bundesgesetz vom 20. März 1981 über die Unfallversicherung (SR 832.20)
UWG	Bundesgesetz vom 19. Dezember 1986 über den unlauteren Wettbewerb (SR 241)
v.a.	vor allem
VerwGer BE	Verwaltungsgericht des Kantons Bern
VerwGer ZH	Verwaltungsgericht des Kantons Zürich
vgl.	vergleiche
VStG	Bundesgesetz vom 13. Oktober 1965 über die Verrechnungssteuer (SR 642.21)
VVG	Bundesgesetz vom 2. April 1908 über den Versicherungsvertrag (Versicherungsvertragsgesetz) (SR 221.229.1)
WEKO	Wettbewerbskommission
z.B.	zum Beispiel
ZH	Kanton Zürich
Ziff.	Ziffer(n)
ZPO	Schweizerische Zivilprozessordnung vom 19. Dezember 2008 (SR 272)

Gesellschaftsrecht

LUKAS GLANZMANN, MANUEL MEYER[*]

I. Neue Entwicklungen

1. Global Forum Gesetz

Am 1. November 2019 trat das sog. *Global Forum* Gesetz in Kraft. Dieses beinhaltet verschiedene Änderungen des OR und StGB, die eine signifikante Verschärfung der seit 1. Juli 2015 geltenden GAFI-Bestimmungen (Art. 697*i*–697*m* sowie 790*a* OR) bewirken.[1]

Die Gesetzesnovelle bewirkt einerseits die faktische Abschaffung der Inhaberaktien, denn diese sind nur noch zulässig, wenn sie als Bucheffekten ausgegeben sind oder die Gesellschaft börsenkotiert ist. Aufgrund der rigiden Übergangsbestimmungen empfiehlt es sich, etwaige noch bestehende Inhaberaktien möglichst umgehend in Namenaktien umzuwandeln.

Durch das *Global Forum Gesetz* wurde auch eine Pönalisierung des vorschriftswidrigen Führens des Aktienbuchs bzw. der Nicht-Meldung der an Aktien wirtschaftlich berechtigten Personen eingeführt. Aufgrund dieser strafrechtlichen Sanktionierung empfiehlt es sich, zu prüfen, ob sämtliche erforderlichen Meldungen vorgenommen worden sind und die Register vorschriftsgemäss geführt werden.

---

[*] Bearbeitet von Prof. Dr. iur. Lukas Glanzmann, LL.M., Rechtsanwalt und Dr. Manuel Meyer, Rechtsanwalt. Die Ausführungen unter «Rechtsprechung» lehnen sich stark an den Text der entsprechenden Entscheide an. Aufgrund der besseren Lesbarkeit wird darauf verzichtet, wörtliche Zitate als solche zu kennzeichnen. Die Autoren danken Ladislas von Sury d'Aspremont, BLaw, für die Mitarbeit.

[1] Für eine detaillierte Darstellung des *Global Forum Gesetzes* vgl. LUKAS GLANZMANN, Abschaffung der Inhaberaktien sowie neue strafrechtliche Sanktionen für Verwaltungsrat und Aktionäre, in: SJZ 2019 611–621 und PHILIP SPOERLÉ, Marginalisierung der Inhaberaktie und neue Sanktionen bei AG und GmbH, in GesKR 2019 339–354.

2. Einführung des Registerwertrechts

Am 22. März 2019 verabschiedete der Bundesrat die Botschaft[2] und den Entwurf[3] zum Bundesgesetz zur Anpassung des Bundesrechts an Entwicklungen der Technik verteilter elektronischer Register (Blockchain-Gesetz). Das Gesetz wird die Verbriefung von Aktien in Form von Token (*Coins*) auf der Blockchain bzw. einer Distributed Ledger-Technologie (DLT) ermöglichen.

3. Grosse Aktienrechtsrevision

Die Aktienrechtsrevision stand auch in dieser Berichtsperiode im Mittelpunkt der parlamentarischen Beratungen. Aktuell sind zwischen Nationalrat und Ratskommission des Ständerats die folgenden drei zentralen Punkte: Aktienkapital in Fremdwährung, Loyalitätsaktien, Abhaltung von Generalversammlungen im Ausland. Der Stand des parlamentarischen Verfahrens ist unter https://www.parlament.ch/de/ratsbetrieb/suche-curia-vista/geschaeft?AffairId=20160077 (besucht am 31. Januar 2020) abrufbar.

4. Konzernverantwortungsinitiative

Die Konzernverantwortungsinitiative[4] verpflichtet Unternehmen mit Sitz in der Schweiz, sämtliche Sorgfalt walten zu lassen und darüber Rechenschaft abzulegen, um zu verhindern, dass sie, von ihnen kontrollierte Unternehmen oder Geschäftspartner (i) anerkannte Menschenrechte und Umweltstandards (vgl. UNO Leitprinzipien und OECD-Leitsätze) einhalten und (ii) dafür sorgen, dass von ihnen kontrollierte Unternehmen und Geschäftspartner auch dafür sorgen, dass von denen beherrschte Unternehmen und Geschäftspartner diese Rechte und Standards einhalten. Miterfasst ist damit die gesamte Wertschöpfungs- oder Lieferkette des Verantwortungsträgers.

Der Nationalrecht hat beschlossen, den Gegenvorschlag zur Initiative aus der Aktienrechtsrevision auszugliedern. Der Gegenvorschlag ist im Differenzbereinigungsverfahren. Die Volksabstimmung wird voraussichtlich im Herbst 2020 durchgeführt. Der Stand des parlamentarischen Verfahrens ist unter https://www.parlament.ch/press-releases/Pages/mm-rk-s-2019-11-22.aspx (besucht am 31. Januar 2020) abrufbar.

---

[2] BBl 2020 233.
[3] BBl 2020 329.
[4] BBl 2017 6379.

II. Rechtsprechung

1. Rechtsprechung Kapitalgesellschaften (AG und GmbH)

1.1 Vinkulierung[5]

In einem in der amtlichen Sammlung publizierten Urteil des Bundesgerichts geht es um die Ausübung des gesetzlichen Ankaufsrechts der Gesellschaft gemäss Art. 685*b* Abs. 1 OR bei der Übertragung von Aktien. Danach kann die Gesellschaft das Gesuch um Zustimmung der Übertragung ablehnen, wenn sie dem Veräusserer der Aktien anbietet, die Aktien für eigene Rechnung, für Rechnung anderer Aktionäre oder für Rechnung Dritter zum wirklichen Wert im Zeitpunkt des Gesuches zu übernehmen (sog. *escape clause*).

Vorab hält das Bundesgericht fest, dass der Erwerber von Aktien bei Widerrechtlichkeit der Ablehnung zur Klage legitimiert ist, obwohl er in diesem Zeitpunkt noch nicht Aktionär ist.[6]

Das Bundesgericht führt weiter aus, dass ein Entscheid des Verwaltungsrats, mit dem er von der Befugnis gemäss Art. 685*b* Abs. 1 OR zum Ankauf eigener Aktien und der Verweigerung der Übertragung auf einen anderen Erwerber Gebrauch macht, nicht in den Anwendungsbereich der *Business Judgment Rule* fällt, da es sich dabei nicht um einen Geschäftsentscheid handelt.[7]

Wenn die Gesellschaft ihr Kaufrecht ausübt, muss sie weder wichtige Gründe geltend machen noch irgendwelche Gründe nennen. Der Entscheid muss hingegen das Gleichbehandlungsgebot achten und darf nicht rechtsmissbräuchlich sein. Ein offenbarer Missbrauch des Rechts läge gemäss Bundesgericht vor, wenn der Entscheid sich nicht durch vernünftige wirtschaftliche Erwägungen rechtfertigen liesse bzw. keine in der Interessensphäre der Gesellschaft liegenden vertretbaren Gründe gegen die Anerkennung des Erwerbers sprächen oder die Interessen der Minderheit offensichtlich beeinträchtigt und Sonderinteressen der Mehrheit ohne Grund bevorzugt würden. Für die Rechtfertigung eines Beschlusses durch vernünftige wirtschaftliche Erwägungen ist auf die Interessen der Gesellschaft und der Gesamtheit der Aktionäre abzustellen, wobei indessen keine Prüfung seiner Angemessenheit erfolgt.[8]

---

[5] BGE 145 III 351.
[6] BGE 145 III 351 E. 2.
[7] BGer 4A_623/2018 vom 31. Juli 2019 E. 3.1 (publiziert in BGE 145 III 351).
[8] BGE 145 III 351 E. 3.2.1.

Schliesslich berief sich der Käufer der Aktien auf den sog. umgekehrten Durchgriff, d.h., dass die Gesellschaft die Übertragung nicht mittels Anrufung der *escape clause* verhindern könne, da der Hauptaktionär verpflichtet sei, ihm die Aktien zu verkaufen. Diesbezüglich hält das Bundesgericht fest, dass es im vorliegenden Fall nicht nur um die Erfüllung einer gewöhnlichen vertraglichen Verpflichtung gehe, sondern bei einem umgekehrten Durchgriff die körperschaftliche Bestimmung – die *escape clause* – ausgehebelt würde. Es sei aber strikte zwischen der körperschaftsrechtlichen und der vertragsrechtlichen Ebene zu unterscheiden.[9] Zudem bedürfe der umgekehrte Durchgriff einer ganz besonderen Begründung, denn es sei im Hinblick auf die Gläubiger der Gesellschaft nicht das gleiche, ob der Alleinaktionär aufgrund besonderer Umstände Pflichten der Gesellschaft übernehmen müsse, oder umgekehrt die Gesellschaft für Pflichten des Alleinaktionärs einstehen müsse.[10] Angesichts der rund 30 % Minderheitsaktionäre sei es im konkreten Fall nicht zu beanstanden, wenn der Verwaltungsrat die Vinkulierungsbestimmung nicht einfach ausser Acht lässt und – aufgrund seiner pflichtgemässen Beurteilung der Interessen der Gesellschaft – nicht auf eine Ausübung des Ankaufs der Aktien für Rechnung eines Dritten verzichtet.[11]

1.2 Klage auf Einberufung einer Generalversammlung

Das Bundesgericht hatte in der Berichtsperiode gleich drei Mal Gelegenheit, sich mit dem Recht auf Einberufung einer Generalversammlung bzw. Gesellschafterversammlung zu beschäftigen.

a) Kostentragung bei Durchführung der Generalversammlung[12]

Im ersten Urteil, der nicht in der amtlichen Sammlung publiziert ist, ging es um die Frage, wer die Verfahrenskosten zu tragen hat, wenn die Gesellschaft während des Verfahrens dem Gesuch auf Einberufung einer Generalversammlung nachkommt.

Im konkreten Fall klagte die Gesuchstellerin mit Eingabe vom 24. April 2018 auf Einberufung einer Generalversammlung. Noch während des Verfahrens, nämlich am 5. Juni 2018, hat die Gesellschaft die ordentliche Generalversammlung einberufen, die am 28. Juni 2018 stattfand und an der alle von der Gesuchstellerin verlangten Traktanden behandelt worden sind. Die Gesellschaft teilte dies dem

---

[9] BGE 145 III 351 E. 4.3.1.
[10] BGE 145 III 351 E. 4.3.2.
[11] BGE 145 III 351 E. 4.3.3.
[12] BGer 4A_24/2019 vom 26. Februar 2019.

Gericht nach Eingang der Klageantwort mit. Dieses schrieb das Verfahren zufolge Gegenstandslosigkeit ab und verpflichtete die Gesuchstellerin zur Bezahlung der Gerichtsgebühren von CHF 9'000 sowie einer Parteientschädigung von CHF 9'500.[13]

Das Bundesgericht schützt den Entscheid der Vorinstanz. Zwar sei es zutreffend, dass die Begehren der Gesuchstellerin durch deren Behandlung an der ordentlichen Generalversammlung vollständig erfüllt und das Verfahren aus diesem Grund gegenstandslos wurde. Im vorliegenden Fall stellte die Vorinstanz aber fest, dass die Gesuchstellerin schon bei Verfahrenseinleitung davon auszugehen hatte, dass der Termin für die ordentliche Generalversammlung feststand und die Begehren dort behandelt würden, weshalb ihre Klage unnötig war. Überdies sei die Klageeinleitung rechtsmissbräuchlich gewesen, und selbst bei einem gutheissenden Urteil hätte kein früherer Termin für eine ausserordentliche Generalversammlung erreicht werden können. Unter diesen Umständen sei es nicht unhaltbar, wenn die Vorinstanz einzig auf den mutmasslichen Prozessausgang abstellte und dabei annahm, dass die Gesuchstellerin mutmasslich unterlegen wäre (da alle Begehren schon erfüllt waren) und ihr deswegen die Prozesskosten auferlegte.[14]

b) Überspitzter Formalismus[15]

Im zweiten, ebenfalls nicht in der amtlichen Sammlung publizierten Urteil hatte die Klägerin am 10. April 2018 die Einberufung einer Generalversammlung und die Traktandierung der Beschlussfassung über die Jahresrechnung 2016 verlangt. Da die Gesellschaft ein *Opting-out* hatte, hat sie zudem eine eingeschränkte Revision und die Wahl einer Revisionsstelle gefordert, ohne jedoch explizit eine entsprechende Traktandierung zu verlangen.[16]

Die Gesellschaft wehrte sich gegen das Gesuch unter anderem damit, dass die Gesuchstellerin nicht ausdrücklich verlangt habe, die Wahl der Revisionsstelle in die Traktandenliste aufzunehmen. Nach Ansicht des Bundesgerichts konnte aber diese Aufforderung der Gesuchstellerin nur im Sinne eines Antrags auf Aufnahme dieses Verhandlungsgegenstandes auf die Traktandenliste verstanden werden, da alles andere überspitzt formalistisch wäre.[17]

---

[13] BGer 4A_24/2019 vom 26. Februar 2019, Sachverhalt A. und B.
[14] BGer 4A_24/2019 vom 26. Februar 2019 E. 3.1.
[15] BGer 4A_184/2019 vom 15. Juli 2019.
[16] BGer 4A_184/2019 vom 15. Juli 2019, Sachverhalt A.b.
[17] BGer 4A_184/2019 vom 15. Juli 2019 E. 2.2.

Bemerkung: Der Einwand der Gesellschaft hätte auch aufgrund von Art. 727*a* Abs. 4 OR entkräftet werden können: Danach hat nämlich jeder Aktionär das Recht, spätestens zehn Tage vor der Generalversammlung eine eingeschränkte Revision zu verlangen, und die Generalversammlung muss diesfalls die Revisionsstelle wählen. Dieses Recht konnte die Gesuchstellerin nicht nur unabhängig von ihrem Gesuch auf Einberufung einer Generalversammlung geltend machen, sondern sie musste diesbezüglich auch kein Traktandierungsbegehren stellen.

c) Bei Rechtshängigkeit eines Ausschlussverfahrens[18]

Im dritten, ebenfalls nicht in der amtlichen Sammlung publizierten Urteil hatte die Gesellschaft das Einberufungs- und Traktandierungsbegehren der Gesuchstellerin mit der Begründung abgelehnt, dass gegen letztere ein Ausschlussverfahren i.S.v. Art. 823 OR hängig sei.

Dem Streit um das Einberufungs- und Traktandierungsbegehren geht ein paralleles Gerichtserfahren vor. Die Gesellschaft hat gegen den Gesuchsteller eine Ausschlussklage erhoben, die vom Obergericht des Kantons Zug gutgeheissen wurde. Die dagegen von der Gesuchstellerin erhobene Beschwerde ans Bundesgericht wurde allerdings ebenfalls gutgeheissen, womit der Entscheid des Obergericht des Kantons Zug aufgehoben und die Sache an dasselbe zurückgewiesen wurde.[19] Der Entscheid über die Ausschlussklage ist damit nicht rechtkräftig. Bis zum rechtkräftigen Entscheid bleibt die Gesuchstellerin Gesellschafterin der Gesellschaft mit sämtlichen Rechten (und Pflichten). Der Entscheid über den Ausschluss eines Gesellschafters wirkt nämlich *ex nunc*, sodass selbst eine spätere rechtkräftige Gutheissung der Ausschlussklage das Einberufungs- und Traktandierungsrecht der Gesuchstellerin nicht berührt.[20]

Vor Bundesgericht umstritten ist die Frage der *Rechtsmissbräuchlichkeit*. Dabei anerkennt das Bundesgericht, dass ein Einberufungs- und Traktandierungsgesuch nicht schon deswegen rechtsmissbräuchlich ist, weil gegen die Gesuchstellerin ein Ausschlussverfahren hängig ist oder ein Konkurrenzverhältnis besteht. Die Gesellschaft vermochte im Übrigen keine besondere Umstände rechtsgenügend zu begründen, die auf einen Rechtsmissbrauch schliessen lassen würden.[21]

Bemerkung: Aus prozessualer Sicht ist bemerkenswert, dass das Bundesgericht nicht auf die Beschwerde in Zivilsachen der Gesellschaft, sondern lediglich auf

---

[18] BGer 4A_665/2018 vom 25. Februar 2019.
[19] BGer 4A_665/2018 vom 25. Februar 2019, Sachverhalt A.c.
[20] BGer 4A_665/2018 vom 25. Februar 2019 E. 3.2.
[21] BGer 4A_665/2018 vom 25. Februar 2019 E. 3.3.

die eventualiter erhobene Verfassungsbeschwerde eintretet. In vermögensrechtlichen Angelegenheiten kann die Beschwerde in Zivilsachen grundsätzlich nur erhoben werden, wenn der Streitwert mindestens 30'000 Franken beträgt (Art. 74 Abs. 1 lit. b BGG). Diese Streitwertgrenze ist *in casu* nicht erreicht. Infolgedessen kann das Bundesgericht auf die Beschwerde in Zivilsachen nur ausnahmsweise eintreten, wenn es sich um eine Rechtsfrage von grundsätzlicher Bedeutung i.S.v. Art. 74 Abs. 2 lit. a BBG handelt. Das Bundesgericht verneint das Vorliegen einer Rechtsfrage von grundsätzlicher Bedeutung, wenn es – wie im vorliegen Fall – bloss um die Frage des Rechtsmissbrauchs geht. Beim Rechtsmissbrauchsverbot geht es nämlich um die Umstände des Einzelfalls, sodass nicht von einer umstrittenen Rechtsfrage die Rede sein kann, an deren Beantwortung ein allgemeines und dringendes Interesse besteht, um eine einheitliche Anwendung und Auslegung des Bundesrechts zu gewährleisten.[22]

1.3 Einsichtsrecht[23]

Das Bundesgericht bestätigt in einem nicht in der amtlichen Sammlung publizierten Urteil den Entscheid[24] des Handelsgerichts Zürich bezüglich der Zustellung des Protokolls der Gesellschafterversammlung an die Gesuchstellerin. Das Handelsgericht Zürich hatte die Gesellschaft dazu verurteilt, das Protokoll über die vor über einem Jahr abgehaltene Gesellschafterversammlung innerhalb von 40 Tagen nach Zustellung des Entscheids zu verfassen und eine Kopie desselben der Gesuchstellerin zukommen zu lassen. Gemäss Bundesgericht sei ein Protokoll, auch wenn keine gesetzliche Frist für die Erstellung des Protokolls besteht, spätestens dann zu erstellen, wenn ein Gesellschafter Einsicht in das Protokoll verlangt.[25]

Bemerkung: Bemerkenswert ist, dass die Gesuchstellerin nicht um die vom Handelsgericht zugesprochene Zustellung einer Protokollkopie, sondern lediglich um "Einsicht in das Protokoll" ersucht hat. Ebenso gewährt das Gesetz dem Wortlaut nach lediglich das Recht auf Einsichtnahme in das Protokoll und nicht auf Zustellung einer Protokollkopie (vgl. Art. 805 Abs. 5 Ziff. 7 OR i.V.m. Art. 702 Abs. 3 OR).[26] Darauf geht das Bundesgericht allerdings nicht ein.

---

[22] BGer 4A_665/2018 vom 25. Februar 2019 E. 1.4.
[23] BGer 4A_79/2019 vom 8. April 2019.
[24] HGer ZH HE 180481-O vom 17. Januar 2019.
[25] BGer 4A_79/2019 vom 8. April 2019 E. 5.
[26] Vgl. auch BSK OR I-DUBS/TRUFFER, Art. 702, N 30.

1.4 Sonderprüfung[27]

In einem nicht in der amtlichen Sammlung publizierten Urteil des Bundesgerichts geht es um die Frage, ob der Richter nach Art. 697e Abs. 3 OR den gesuchstellenden Aktionären und der Gesellschaft ausdrücklich Frist anzusetzen hat, eine Stellungnahme zum Sonderprüfungsbericht einzureichen und Ergänzungsfragen dazu zu stellen, oder ob diese nach der Zustellung des Berichts ohne richterliche Aufforderung von sich aus eine Stellungnahme und Ergänzungsfragen einzureichen haben.

Das Bundesgericht gelangt bei der Auslegung von Art. 697e Abs. 3 OR zum Ergebnis, dass der Richter den gesuchstellenden Aktionären und der Gesellschaft ausdrücklich Gelegenheit einräumen muss, eine Stellungnahme zum Sonderprüfungsbericht abzugeben und Ergänzungsfragen dazu zu stellen. Der Richter kann dieser Pflicht dadurch nachkommen, dass er den Parteien je nach den konkreten Umständen des Einzelfalls entweder eine kurze Frist ansetzt, damit diese ihre Stellungnahme und Fragen schriftlich einreichen können, oder sie zu einer mündlichen Verhandlung vorlädt.[28]

1.5 Recht des Gesellschafters auf Eintragung ins Handelsregister[29]

In einem Fall vor dem Verwaltungsgericht des Kantons Zürich ging es um die Eintragung eines neuen Gesellschafters einer GmbH in das Handelsregister. Vor Verwaltungsgericht sind eine vom Handelsregister gegen den einzigen Geschäftsführer ausgesprochene Busse in Höhe von 200 Franken sowie die auferlegten Eintragungsgebühren für den Eintrag des neuen Gesellschafters in Höhe von 211.60 Franken strittig.[30]

Nachdem B. als einziger Gesellschafter und Geschäftsführer einen Teil seiner Stammanteile an C. veräussert hatte, meldete C. die Stammanteilsübertragung mittels einer beglaubigten Kopie des unterzeichneten Abtretungsvertrags beim Handelsregisteramt Zürich an. Zu Recht nahm das Handelsregisteramt Zürich den Eintrag nicht vor, sondern forderte B. auf, die Anmeldung für die Stammanteilsübertragung einzureichen. C. ist nämlich dazu gemäss Art. 17 HRegV nicht befugt. Vielmehr kann C. gestützt auf Art. 82 i.V.m. Art. 12 Abs. 1 lit. a HRegV das Handelsregisteramt zur Eintragung von Amtes wegen anhalten.[31]

---

[27] BGer 4A_223/2019 vom 16. Oktober 2019.
[28] BGer 4A_223/2019 vom 16. Oktober 2019 E. 4.4.
[29] VerwGer ZH VB.2018.00727 vom 26. Februar 2019.
[30] VerwGer ZH VB.2018.00727 vom 26. Februar 2019 E. 1.3.
[31] VerwGer ZH VB.2018.00727 vom 26. Februar 2019 E. 2.1.

B. kam den Aufforderungen des Handelsregisteramts Zürich mit der Begründung nicht nach, der Kaufvertrag mit C. werde rückabgewickelt. In der Folge nahm das Handelsregisteramt Zürich den Eintrag von Amtes wegen vor, sprach gegen B. die Busse aus und auferlegte der Gesellschaft die Eintragungsgebühren. Das Verwaltungsgericht weist die dagegen erhobene Beschwerde ab.

Für die Eintragung eines neuen Gesellschafters bedarf es eines formgültigen Abtretungsvertrags und regelmässig der Zustimmung der Gesellschafterversammlung. Nach Ansicht des Verwaltungsgerichts könne das Handelsregisteramt von einem Gesellschafterbeschluss allerdings absehen, wenn alle ausscheidenden und verbleibenden Gesellschafter den Abtretungsvertrag mitunterzeichnen. In diesem Fall könne von einer "*impliziten Zustimmung im Sinn eines bei der Gesellschaft mit beschränkter Haftung gütigen Zirkularbeschlusses der Gesellschafterversammlung ausgegangen werden*".[32]

Das Verwaltungsgericht erinnert auch an die vom Bundesgericht bestätigte Kognition des Handelsregisterführers, die auf die Prüfung zwingender Gesetzesbestimmungen, die im öffentlichen Interesse oder zum Schutz Dritter aufgestellt sind, eingeschränkt ist. Im Zusammenhang mit der Eintragung neuer Gesellschafter hat damit der Handelsregisterführer zu prüfen, ob der Abtretungsvertrag die in Art. 785 Abs. 1 OR vorausgesetzte Schriftform bzw. allenfalls eine strengere statutarische Form einhält und ob der Stammanteilserwerber in zweckmässiger Weise auf seine künftigen statutarischen Rechte und Pflichten aufmerksam gemacht wurde. Letzterem sei Genüge getan, wenn die Statuten als integraler Bestandteil dem Abtretungsvertrag beigelegt werden oder der Erwerber vor Unterzeichnung bestätigt, dass er die Statuten gelesen habe.[33] Im zu beurteilenden Fall enthielt der Abtretungsvertrag eine Bestätigung des Erwerbers, von den Statuten Kenntnis genommen zu haben.[34]

Bemerkung: Art. 785 Abs. 2 OR schreibt ausdrücklich vor, dass der Abtretungsvertrag inhaltlich auf statutarische Rechte und Pflichten hinweisen muss (d.h. Nachschuss- und Nebenleistungspflichten, Konkurrenzverbote für Gesellschafter, Vorhand-, Vorkaufs- und Kaufrechte der Gesellschafter oder der Gesellschaft sowie Konventionalstrafen). Die statutarischen Bestimmungen müssen gemäss herrschender Lehre nicht im Wortlaut wiedergegeben werden. Vielmehr ist ein ausdrücklicher Verweis auf diese Bestimmungen in den Abtretungsvertrag aufzunehmen.[35] Es ist allerdings zumindest fraglich, ob die

---

[32] VerwGer ZH VB.2018.00727 vom 26. Februar 2019 E. 2.1.
[33] VerwGer ZH VB.2018.00727 vom 26. Februar 2019 E. 2.2.
[34] VerwGer ZH VB.2018.00727 vom 26. Februar 2019 E. 2.3.
[35] BSK OR II-DU PASQUIER/WOLF/OERTLE, Art. 784, N 4.

vom Verwaltungsgericht genannte blosse Bestätigung des Erwerbers, die Statuten gelesen zu haben, dieser gesetzlich vorgeschriebenen inhaltlichen Anforderung an den Abtretungsvertrag gerecht wird.

1.6 Vertretung der Gesellschaft durch faktische Organe[36]

In einem nicht in der amtlichen Sammlung publizierten Urteil des Bundesgerichts ging es um die Frage, ob *faktische Organe* die Gesellschaft bei Abschluss von Rechtsgeschäften vertreten können.

Das Bundesgericht rief vorab in Erinnerung, dass die Gesellschaft beim Abschluss von Rechtsgeschäften durch ihre formellen Organe (Mitglieder des Verwaltungsrats oder Direktoren) vertreten werden.[37] Sodann kann die Gesellschaft auch Prokuristen und andere Bevollmächtigte ernennen.[38] Schliesslich können Personen, die die Eigenschaft eines Stellvertreters im Sinne von Art. 32 ff. OR haben, die Aktiengesellschaft vertreten. Diese allgemeinen Vertretungsregeln gelten in Abwesenheit besonderer Bestimmungen.[39] Hingegen gebe es kein eigenständiges Konstrukt einer rechtsgeschäftlichen Vertretung durch faktische Organe, da dieses Konstrukt aus dem Verantwortlichkeitsrecht stamme.[40]

Falls eine Person als Stellvertreter der Gesellschaft auftritt, gibt es drei Fälle, in denen die Gesellschaft durch das Handeln des Stellvertreters gebunden wird: (1) Wenn die Gesellschaft dem Vertreter im Innenverhältnis die erforderlichen Befugnisse erteilt hatte (Art. 32 Abs. 1 OR); (2) wenn der Dritte, falls der Vertreter keine internen Befugnisse vom Auftraggeber erhalten hat, diese aus dem Verhalten des Auftraggebers im Aussenverhältnis ableiten konnte (Art. 33 Abs. 3 OR); und (3) wenn der Auftraggeber dem Vertreter keine internen Befugnisse erteilt hat, er den Vertrag jedoch genehmigt hat (Art. 38 Abs. 1 OR).[41] Für die Anwendbarkeit von Art. 33 Abs. 3 OR ist es erforderlich, (1) dass der Vertreter im Namen der Gesellschaft gehandelt hat, ohne dabei über interne Vertretungsbefugnisse zu verfügen (Vertretung ohne Befugnisse), und (2) dass der Dritte in gutem Glauben an das Vorhandensein interner Befugnisse des Vertreters glauben durfte, weil die Gesellschaft (d.h. die Vertretene) dem Dritten Befugnisse zur Kenntnis gebracht hat, die über die Befugnisse hinausgehen, die

---

[36] BGer 4A_455/2018 vom 9. Oktober 2019.
[37] BGer 4A_455/2018 vom 9. Oktober 2019 E. 5.1.
[38] BGer 4A_455/2018 vom 9. Oktober 2019 E. 5.2.
[39] BGer 4A_455/2018 vom 9. Oktober 2019 E. 5.3.
[40] BGer 4A_455/2018 vom 9. Oktober 2019 E. 6.2.
[41] BGer 4A_455/2018 vom 9. Oktober 2019 E. 7.1.

sie dem Vertreter in seiner internen Funktion tatsächlich erteilt hat. Die Idee ist, dass derjenige, der den Anschein einer Vertretungsmacht entstehen lässt, an die in seinem Namen vorgenommenen Handlungen gebunden ist.[42]

1.7 Verantwortlichkeit des Verwaltungsrats

a) **Verantwortlichkeit im Konzern**[43]

Das Bundesgericht hat ziemlich genau 18 Jahre nach dem *Swissair-Grounding* das Urteil im wohl letzten Verantwortlichkeitsprozess gegen 14 ehemalige Organmitglieder der Swissair Schweizerische Luftverkehr-Aktiengesellschaft ("Swissair") gefällt. Bemerkenswert ist, dass alleine dieser Prozess Gerichtskosten von ca. 3,1 Mio. Franken und Parteientschädigungen von ca. 6,3 Mio. Franken verursacht hat.[44]

Vorab ging es um die Frage der Passivlegitimation. Die Vorinstanz bejahte die Passivlegitimation nicht nur für die Verwaltungsratsmitglieder der Swissair, sondern auch – als faktische Organe – für die Mitglieder der Konzernleitung der SAirGroup, der Muttergesellschaft der Swissair. Dagegen verneinte sie die Stellung als faktische Organe der Swissair für die Mitglieder des Verwaltungsrats der SAirGroup, da diese keine organtypischen Aufgaben für die Swissair wahrgenommen und als Mitglieder des Konzernverwaltungsrats keine Handlungspflichten bei der Konzernuntergesellschaft Swissair gehabt hätten. Das Bundesgericht schützt diesen Entscheid.[45]

Die Klägerin machte in einem ersten Punkt geltend, dass die Swissair eine widerrechtliche Konzernorganisation gehabt habe, da sie ihre finanzielle Eigenständigkeit aufgegeben habe.[46] Dazu führte die Vorinstanz aus, dass sich in einem Konzern zwangsläufig ein einheitlicher Führungsanspruch der Obergesellschaft ergebe. Dieser stehe aber in einem Spannungsverhältnis zur "eigenständigen Selbstverwaltung" der Untergesellschaft, die eine selbständige juristische Einheit bleibe und in welcher der Verwaltungsrat die unübertragbaren und unentziehbaren Aufgaben nach Art. 716*a* Abs. 1 OR wahrnehmen müsse. Dieses *Konzernparadoxon* werde dadurch gelöst, dass für Konzerntochtergesellschaften der Aufgabenkatalog gemäss Art. 716*a* Abs. 1 OR im Sinn einer teleologischen Reduktion so zu lesen sei, dass dem Verwaltungsrat

---

[42] BGer 4A_455/2018 vom 9. Oktober 2019 E. 7.1.2.1.
[43] BGer 4A_268/2018 vom 18. November 2019.
[44] BGer 4A_268/2018 vom 18. November 2019, Sachverhalt B und Dispositiv Ziff. 1–3.
[45] BGer 4A_268/2018 vom 18. November 2019 E. 5.
[46] BGer 4A_268/2018 vom 18. November 2019 E. 6.2.

einer Untergesellschaft nur Restkompetenzen zustünden. Da im vorliegenden Fall keine (Finanz-) Kompetenzen unzulässigerweise übertragen bzw. usurpiert worden seien, habe auch keine widerrechtliche Konzernorganisation vorgelegen.[47]

In einem zweiten Punkt warf die Klägerin den Beklagten vor, sie hätten durch die Einführung und den Betrieb eines *Cash Pool* sowie die Gewährung von Festgeld-Darlehen an die SAirGroup gegen die allgemeine Sorgfaltspflicht bei der Vermögensanlage und gegen die Kapitalschutzvorschriften verstossen.[48] Diesbezüglich kam die Vorinstanz zum Schluss, dass die Gewährung von Cash-Pool-Darlehen und die der SAirGroup gewährten Festgeld-Darlehen widerrechtlich gewesen seien, da sie nicht Marktbedingungen entsprochen haben.[49] Damit ist aber nach Ansicht des Bundesgerichts noch nicht gesagt, ob die Teilnahme am *Cash Pool* beziehungsweise die Gewährung der Festgeld-Darlehen im konkreten Fall einen Verstoss gegen die Pflichten der Gesellschaftsorgane darstellt. Denn aus dem Umstand, dass ein unbesichertes Darlehen den Drittmannstest nicht besteht, folge nicht zwingend, dass die Gewährung eines unbesicherten Darlehens an die Muttergesellschaft beziehungsweise die Teilnahme am *Cash Pool* eine Sorgfaltspflichtverletzung darstellt. Die Vorinstanz habe deshalb zu Recht erwogen, dass die dem Konzern zur Verfügung gestellten Darlehen im Interesse des Konzerns und mittelbar auch im Interesse der Gruppengesellschaft Swissair verwendet werden konnten. Das Interesse der Swissair am Fortbestand der SAirGroup und bestimmter Schwestergesellschaften sei eminent gewesen, denn die Swissair sei für den Flugbetrieb darauf angewiesen gewesen, dass die anderen Konzerngesellschaften fortbestanden. Ansonsten hätte sie ihren Flugbetrieb nicht fortführen können. Die Darlehensgewährung sei mithin im Dienst dieses prioritären Gesellschaftsinteresses der Swissair gestanden und auch unter dem Aspekt der Organverantwortlichkeit in diesem Kontext zu würdigen. In diesem Sinne seien die Festgeld- und Cash-Pool-Darlehen betriebliche Investitionen und keine reinen Finanzanlagen gewesen. Bei der nachträglichen Überprüfung solcher betrieblichen Investitionen sei wie bei anderen Geschäftsentscheiden eine gewisse Zurückhaltung anzulegen. Deshalb könne mit Blick auf die Vorteile der Konzernzugehörigkeit nicht einfach isoliert das Gesellschaftsinteresse der Swissair Massstab bilden, sondern müsse in einem gewissen Grad auch das Konzerninteresse mitberücksichtigt werden. Entsprechend habe vorliegend bei der Bewertung der Festgeld- und Cash-Pool-Darlehen in die Waagschale geworfen werden dürfen, dass der Fortbestand der SAirGroup im eminenten

---

[47] BGer 4A_268/2018 vom 18. November 2019 E. 6.4.
[48] BGer 4A_268/2018 vom 18. November 2019 E. 6.2.
[49] BGer 4A_268/2018 vom 18. November 2019 E. 6.5.4.3.

(mittelbaren) Interesse der Swissair lag, deren Flugbetrieb aufrechterhalten werden musste, und die dazu auf ihre Konzerngesellschaften angewiesen war. Unter diesem Aspekt könnten die beanstandeten Darlehensgewährungen, wiewohl für die Swissair ab Januar 2001 mit Nachteilen verbunden und – bei blossem Abstellen auf Drittbedingungen – gegen Kapitalschutzvorschriften verstossend, nicht als pflichtwidrig im Sinne von Art. 754 Abs. 1 OR betrachtet werden – zumal bei der hier gebotenen Zurückhaltung in der Überprüfung von Geschäftsentscheiden im Sinne der *Business Judgement Rule* Gesellschaftsinteressen gewahrt wurden. Insofern wurde nicht dem Konzerninteresse ein entgegengesetztes Gesellschaftsinteresse der Swissair untergeordnet.[50]

Bemerkung: In diesem Urteil anerkennt das Bundesgericht im Ergebnis erstmals, dass eine Verletzung von Kapitalschutzvorschriften aufgrund des Konzerninteresses gerechtfertigt sein kann. Allerdings macht es dies in einem ganz engen Rahmen: Einerseits wurden die Kapitalschutzvorschriften nur verletzt, weil Darlehen nicht zur Drittbedingungen gewährt worden sind, anderseits fiel die Darlehensgewährung in den Anwendungsbereich der *Business Judgment Rule* und lag im (zumindest mittelbaren) Gesellschaftsinteresse.

b) Geschäftsführerhaftung nach Art. 52 AHVG[51]

Das Verwaltungsgericht des Kantons Bern geht in seinem Urteil über die subsidiäre Haftung der Gesellschaftsorgane nach Art. 52 AHVG für ausstehende Sozialversicherungsbeiträge der Gesellschaft gegenüber der Ausgleichskasse Bern eingehend auf die Haftungsvoraussetzungen ein und verurteilt darauf die Geschäftsführerin in gewohnter Manier.

Gemäss Art. 52 Abs. 1 AHVG haftet ein Arbeitgeber für den *Schaden*, der *adäquat kausal* dadurch entsteht, dass *Vorschriften absichtlich oder grobfahrlässig* missachtet wurden. Bei juristischen Personen haften subsidiär die Verwaltungsorgane oder die mit der Liquidation befassten Personen (Art. 52 Abs. 2 AHVG). Im zu beurteilenden Fall war die Gesellschaft nach Abschluss des Konkursverfahrens vom Handelsregister gelöscht worden.

Der Schaden besteht, wenn und soweit einer Kasse den ihr gesetzlich geschuldeten Betrag entgeht. Schadensbestandteil sind alle Arbeitgeber- und Arbeitnehmerbeiträge, die Verwaltungs- und Betreibungskosten, Veranlagungs- und Mahngebühren sowie Verzugszinsen, nicht jedoch Ordnungsbussen.[52] Davon

---

[50] BGer 4A_268/2018 vom 18. November 2019 E. 6.5.4.4.
[51] VerwGer BE 200 18 931 AHV vom 6. September 2019.
[52] VerwGer BE 200 18 931 AHV vom 6. September 2019 E. 2.2.

in Abzug zu bringen sind von der Arbeitslosenkasse anstelle der Arbeitgeberin ausgerichtete Beiträge, jedoch nur für die Zeit bis zum Ausscheiden der ins Recht geführten Geschäftsführerin aus der Gesellschaft.[53]

Der Schaden muss infolge Missachtung von Vorschriften entstanden sein. Dabei ist anzumerken, dass diese Voraussetzung stets erfüllt ist. Denn gemäss konstanter Rechtsprechung begründet *per se* der Ausstand eines gesetzlich geschuldeten Betrags die Missachtung von Vorschriften.[54]

Das gesetzlich vorausgesetzte qualifizierte Verschulden, mit der die Vorschrift missachtet worden sein muss, nämlich Absicht oder Grobfahrlässigkeit, wird vermutet.[55] Diese Vermutung führt zu einer *Beweislastumkehr*. Es obliegt der ins Recht gefassten Person zu beweisen, dass ihr kein Verschulden im Sinne der Absicht oder Grobfahrlässigkeit trifft. Missglückt der Beweis, hat die ins Recht gefasste Person in den Augen des Gerichts schuldhaft, d.h. absichtlich oder (zumindest) grobfahrlässig, gehandelt. Das Gericht nennt als Beispiel für einen Verschuldensausschluss die Existenzsicherung der Gesellschaft durch Aussetzen der geschuldeten Sozialversicherungsbeiträge. Allerdings gilt dieser Umstand nur dann als Verschuldensausschluss, wenn im Zeitpunkt des Entscheids, die Sozialversicherungsbeiträge auszusetzen, aufgrund der *objektiven* Umstände und einer seriösen Beurteilung der Lage damit gerechnet werden durfte, dass die Gesellschaft überlebt und die ausstehenden Sozialversicherungsbeiträge innert nützlicher Frist bezahlt werden.[56]

Schliesslich muss zwischen der absichtlichen oder grobahrlässigen Missachtung von Vorschriften und dem eingetretenen Schaden ein *adäquater Kausalzusammenhang* gegeben sein. Die Argumentationsweise des Verwaltungsgerichts lässt keine Zweifel offen, dass dieser im Falle von Zahlungsausständen stets als gegeben erachtet wird. Ein adäquater Kausalzusammenhang fehlt nur dann ausnahmsweise, wenn *mit Gewissheit oder mit hoher Wahrscheinlichkeit* nachgewiesen werden kann, dass der Schaden auch bei pflichtgemässen Verhalten eingetreten wäre und damit nicht hätte verhindert werden können.[57]

---

[53] VerwGer BE 200 18 931 AHV vom 6. September 2019 E. 2.7.
[54] VerwGer BE 200 18 931 AHV vom 6. September 2019 E. 2.3.
[55] VerwGer BE 200 18 931 AHV vom 6. September 2019 E. 2.4.3.
[56] VerwGer BE 200 18 931 AHV vom 6. September 2019 E. 2.5.
[57] VerwGer BE 200 18 931 AHV vom 6. September 2019 E. 2.6.

2. Rechtsprechung übriges Gesellschaftsrecht

2.1 Einfache Gesellschaft[58]

In einem nicht in der amtlichen Sammlung publizierten Urteil des Bundesgerichts ging es um die Frage, ob im Rahmen von Anstellungsverhandlungen zwischen der Gesellschaft und der Arbeitssuchenden eine einfache Gesellschaft begründet worden sei.

Dem Urteil liegt folgender Sachverhalt zu Grunde: Die A. AG ist ein Beratungsunternehmen für Privatpersonen und Unternehmen in finanziellen und anlagetechnischen Fragen. Der Verwaltungsratspräsident. C. schlug der Bankkundenberaterin B., die damals bei der Bank D. angestellt war, eine Zusammenarbeit vor. Angedacht war, dass die Beratungsgebühren und die Spesen aller von B. akquirierten Kunden hälftig zwischen der A. AG und B. geteilt würden, mithin B. keinen Anspruch auf eine fixe Vergütung habe. In der Folge verhandelten die beide einen Vertragsentwurf mit der Überschrift "Arbeitsvertrag im Aussendienst (Art. 347 ff. OR)". Die Parteien konnten sich nie einigen, weshalb der Vertragsentwurf auch nie unterzeichnet wurde.[59]

Noch während den Anstellungsverhandlungen kündigte B. bei der Bank D. und nahm 31 Kunden mit zur A. AG, wobei die Beratungsverträge zwischen den Kunden und der A. AG abgeschlossen wurden. Für die übernommenen Kunden richtete A. AG Kundendepots bei der Bank E. ein. Das Beratungshonorar wurde direkt von den Kundendepots auf das Konto der A. AG überwiesen.

In der Folge verschlechterte sich das Verhältnis zwischen dem C. und der B., worauf C. die Bank E. anwies, der B. keine Informationen über die Kundendepots mehr zukommen zu lassen. Darin sah B. einen Vertrauensmissbrauch und beendete die Zusammenarbeit, worauf sämtliche 31 akquirierten Kunden ihre Beratungsverträge mit der A. AG ebenfalls kündigten.[60]

Gestützt auf diesen Sachverhalt macht die A. AG. einen Schaden von EUR 51'060 geltend. Alle kantonalen Instanzen haben den Schadenersatzanspruch abgewiesen, weil weder eine vertragliche noch eine ausservertragliche Haftungsgrundlage dafür bestehe.[61] Das Bundesgericht bestätigt die kantonalen Entscheide.

---

[58] BGer 4A_526/2018 vom 4. April 2019.
[59] BGer 4A_526/2018 vom 4. April 2019, Sachverhalt A.
[60] BGer 4A_526/2018 vom 4. April 2019, Sachverhalt B.
[61] BGer 4A_526/2018 vom 4. April 2019, Sachverhalt B.

Vor Bundesgericht ist strittig ist, ob zwischen der A. AG und der B. eine einfache Gesellschaft (allenfalls konkludent) entstanden ist, woraus die A. AG ihren Schaden geltend machen könnte, oder ob sich die Parteien eher in einem vorvertraglichen Verhandlungsstadium befunden hätten.[62]

Eine einfache Gesellschaft ist eine vertragsmässige Verbindung von zwei oder mehreren Personen zur Erreichung eines gemeinsamen Zweckes mit gemeinsamen Kräften oder Mitteln (Art. 530 Abs. 1 OR). Das gemeinsame Interesse am Erfolg oder die Vereinbarung einer Gewinnbeteiligung reichen für die Annahme einer einfachen Gesellschaft jedoch nicht aus. Wesentlich sei gemäss Bundesgericht vielmehr, ob die Parteien ein gemeinsames Hauptinteresse haben, zu dem sie gleichberechtigt beitragen. Eine ungleiche Stellung zwischen den Parteien, wie beispielsweise infolge Weisungsgebundenheit der einen Partei, schliesst die Annahme einer einfachen Gesellschaft aus. Die einfache Gesellschaft unterscheidet sich vom Arbeitsvertrag insbesondere durch die Stellung der Parteien. Beim Arbeitsvertrag liegt ein *Subordinationsverhältnis* vor, währenddessen sich die Parteien beim Gesellschaftsvertrag auf gleicher Stufe gegenüberstehen.[63]

Die Tatsache, dass die im Vertragsentwurf vereinbarte Gewinn- und Kostenregelung derjenigen der gesetzlichen Gewinn- und Kostenregelung der einfachen Gesellschaft (Art. 533 Abs. 1 OR) entspricht und übrigens im Rahmen eines Arbeitsvertrags so nicht durchsetzbar wäre, reiche gemäss Bundesgericht nicht aus, um auf eine einfache Gesellschaft zu schliessen.[64] Die Beratungsverträge mit den Kunden sowie die Verträge über die Kundendepots mit der Bank E. wurden alle von A. AG abgeschlossen und nicht von B. Auch die Beratungsgebühren wurden von den Kunden direkt an A. AG und nicht an B. überwiesen. Ferner komme aus der E-Mailkorrespondenz zwischen C. und B. klar ein *Subordinationsverhältnis* zum Ausdruck, verwende C. doch ausdrücklich seine alleinige Verantwortung für die Begründung seiner alleinigen Entscheidungsbefugnis. In Würdigung dieser Gesamtumstände sieht das Bundesgericht ein Subordinationsverhältnis als gegeben an und lehnt eine einfache Gesellschaft ab.[65] Da der Arbeitsvertrag nie unterzeichnet wurde, bestehe auch keine vertragliche Haftungsgrundlage für die Ansprüche der A. AG.

---

[62] BGer 4A_526/2018 vom 4. April 2019 E. 3. f.
[63] BGer 4A_526/2018 vom 4. April 2019 E. 3.5.1.
[64] BGer 4A_526/2018 vom 4. April 2019 E. 3.5.2.
[65] BGer 4A_526/2018 vom 4. April 2019 E. 3.5.3.

2.2 Genossenschaft[66]

Das Obergericht Solothurn befasst sich in einem Urteil mit der Frage der zu ergreifenden Massnahme zur Behebung eines Organisationsmangels einer Genossenschaft. Im zu beurteilenden Fall fehlte der Genossenschaft eine zugelassene Revisionsstelle. Die Genossenschaft zeigte jedoch keinerlei Reaktion zu den Aufforderungen des Handelsregisteramts und des erstinstanzlichen Richteramts, weshalb letzteres unter Anwendung von Art. 731*b* Abs. 1 OR i.V.m. Art. 908 OR die zuvor angedrohte Liquidation der Genossenschaft im Konkursverfahren anordnete.[67]

Erst im Anschluss an dieses Urteil reagierte die Genossenschaft und beantragte beim Obergericht die Aufhebung der Liquidation unter Vorweisung einer neuen Revisionsstelle. Das Obergericht folgt diesem Begehren - freilich unter Kostenfolge für die Genossenschaft.[68]

Gemäss konstanter Rechtsprechung ernennt das Gericht bei Organisationsmängeln das fehlende Organ. Dies ist in Wahrung des *Verhältnismässigkeitsgrundsatzes* das mildeste Mittel. Nur ausnahmsweise, wenn die Gesellschaft überhaupt keine Reaktion zeigt und deshalb davon auszugehen ist, dass die Gesellschaft auch bei richterlicher Einsetzung einer Revisionsstelle keine Reaktion zeigten und insbesondere den Kostenvorschuss der Revisionsstelle nicht erbringen wird, kann das Gericht die Liquidation anordnen.[69]

---

[66] OGer SO ZKBER.2018.76 vom 15. Januar 2019.
[67] OGer SO ZKBER.2018.76 vom 15. Januar 2019 E. I.
[68] OGer SO ZKBER.2018.76 vom 15. Januar 2019 E. II.4.1. f.
[69] OGer SO ZKBER.2018.76 vom 15. Januar 2019 E. II.3.1. f.

Finanzmarktrecht

Marcel Giger*

I. Neue Entwicklungen

1. Gesetzgebung

1.1 FIDLEG und FINIG

Das Finanzdienstleistungsgesetz (FIDLEG) und das Finanzinstitutsgesetz (FINIG) sowie die dazugehörenden Ausführungsbestimmungen, nämlich die Finanzdienstleistungsverordnung (FIDLEV), die Finanzinstitutsverordnung (FINIV) und die Aufsichtsorganisationenverordnung (AOV) sind am 1. Januar 2020 in Kraft getreten. Über diese beiden Gesetze wurde schon in den Vorauflagen berichtet und es kann darauf verwiesen werden.[1] Nachfolgend daher lediglich nochmals ein zusammenfassender Überblick und Hinweise auf die wichtigsten Übergangsbestimmungen. Da viele der neuen Vorschriften umfangreiche Anpassungen durch die Marktteilnehmer erfordern und auch neu zu schaffende Aufsichtsstellen bewilligt werden müssen (wie z.B. die Prüfstelle für Prospekte und die Registrierstelle für Kundenberater), müssen die meisten der neuen Pflichten erst nach einer angemessenen Übergangsfrist umgesetzt werden.

a) Zusammenfassender Überblick FIDLEG

Die Hauptzwecke des FIDLEG sind gemäss Art. 1 FIDLEG der Schutz der Kundinnen und Kunden von Finanzdienstleistern, die Schaffung vergleichbarer Bedingungen für das Erbringen von Finanzdienstleistungen und die Stärkung des Ansehens und der Wettbewerbsfähigkeit des Finanzplatzes Schweiz.

Von dieser Zwecksetzung ausgehend regelt das FIDLEG nach den allgemeinen Bestimmungen des 1. Titels des Gesetzes im 2. Titel die *Anforderungen für das*

---

* Bearbeitet von Dr. Marcel Giger, M.C.J., Rechtsanwalt.
[1] Vgl. zuletzt Baker McKenzie, Entwicklungen des Schweizerischen Wirtschaftsrecht 2018/2019.

Erbringen von Finanzdienstleistungen. Damit soll die gesamte Beziehung zwischen einem Finanzdienstleister und den Kundinnen und Kunden am *Point of sale* in einem einzigen Gesetz erfasst werden. Dazu wurden aufsichtsrechtliche Verhaltensregeln erlassen (z. B. detaillierte Informations- und Abklärungspflichten), sowie Vorschriften über die angemessene Organisation aufgestellt (z.B. Sicherstellung genügender Kenntnisse der Mitarbeiterinnen und Mitarbeiter und Umgang mit Interessenkonflikten). Unter gewissen Voraussetzungen müssen sich Kundenberaterinnen und Kundenberater im neu zu schaffenden Beraterregister registrieren lassen.

Im 3. Titel über das *Anbieten von Finanzinstrumenten* führt das FIDLEG für Effekten, die öffentlich angeboten oder an einem Handelsplatz gehandelt werden, vereinheitlichte Prospektanforderungen ein. Damit verbunden ist auch die erstmalig eingeführte Prüfung des Prospektes durch eine Prüfstelle und die Vorschriften über die Veröffentlichung des Prospektes. Bei Angeboten von Finanzinstrumenten an Privatkundinnen und Privatkunden ist unter Umständen ein Basisinformationsblatt zu erstellen.

Der 4. Titel des FIDLEG befasst sich mit der *Herausgabe von Dokumenten*, und im 5. Titel sind die *Ombudsstellen* geregelt, denen sich Finanzdienstleister anschliessen müssen. Während der 6. Titel Bestimmungen über die *Aufsicht und den Informationsaustausch* enthalten, befasst sich der 7. Titel mit den neu eingeführten *Strafbestimmungen*.

b) Zusammenfassender Überblick FINIG

Das FINIG bezweckt den Schutz der Anlegerinnen und Anleger sowie der Kundinnen und Kunden von Finanzinstituten und die Gewährleistung der Funktionsfähigkeit des Finanzmarkts (Art. 1 FINIG). Damit hat das FINIG grundsätzlich die gleiche Ausrichtung wie das FIDLEG, möchte seine Ziele aber nicht wie das FIDLEG über die Regulierung der Finanzdienstleistungen und des Angebots von Finanzinstrumenten erreichen, sondern über die prudenzielle Aufsicht und Regulierung der Finanzinstitute selbst.

Das FINIG schafft somit sektorübergreifend einheitliche Bewilligungsvoraussetzungen und Anforderungen an die Organisation der Finanzinstitute. Die Idee ist, die Wettbewerbsbedingungen für die Beaufsichtigten, welche das gleiche Geschäftsmodell verfolgen, soweit wie möglich einheitlich zu gestalten.

Davon ausgehend wird mit dem FINIG die prudenzielle Aufsicht über Finanzdienstleister, die in irgendeiner Form das Vermögensverwaltungsgeschäft betreiben, in einem Gesetz geregelt. Erstmals fallen somit die *Vermögensverwalter* sowie *Trustees* unter die Bewilligungspflicht. Die bisher schon beaufsichtigten Vermögensverwalter, nämlich die Vermögensverwalter kollektiver Kapitalanlagen sowie die Fondsleitungen gemäss KAG und die bisher im Börsengesetz geregelten Effektenhändler fallen ebenfalls unter die vom FINIG erfassten *Finanzinstitute*. Die entsprechenden, für die bereits regulierten Institute schon bestehenden Vorschriften, werden zu einem grossen Teil materiell unverändert aus den bisherigen Erlassen (KAG und BEHG) übernommen und die betroffenen Teile des KAG werden aufgehoben und das BEHG ganz abgeschafft. Die bisherigen Effektenhändler gemäss Börsengesetz werden neu zu *Wertpapierhäusern* gemäss FINIG.

Auch das FINIG schafft neue Organisationen: Während alle Finanzinstitute eine Bewilligung der FINMA brauchen, wird die laufende Aufsicht über Vermögensverwalter und die Trustees nicht direkt durch die FINMA, sondern durch von der FINMA bewilligte Aufsichtsorganisationen wahrgenommen.

c) **Übergangsfristen**

Wichtigste Übergangsfristen FIDLEG

Bei den Allgemeinen Bestimmungen und den Anforderungen für das Erbringen von Finanzdienstleistungen (*1. und 2. Titel des FIDLEG*) ist wie folgt zu unterscheiden:

– Die Pflicht zur Kundensegmentierung (Art. 4 und 5), das Erfordernis hinreichender Kenntnisse (Art. 6), die Verhaltensregeln (Art. 7 bis und mit 18) und die Anforderungen an eine angemessene Organisation (Art 21 bis und mit 27) gelten grundsätzlich erst nach Ablauf einer Übergangsfrist von zwei Jahren, d.h. ab 1. Januar 2022 (vgl. Art. 103 bis 106 FIDLEV). Nur Art. 19 FIDLEG (Verwendung von Finanzinstrumenten von Kundinnen und Kunden) gilt ab 1. Januar 2020.

– Die Anmeldung beim Beraterregister (Art. 28 FIDLEG) muss spätestens sechs Monate nach Zulassung einer Registrierungsstelle durch die FINMA erfolgen (Art. 107 FIDLEV).

– Der Anschluss an eine Ombudsstelle (Art. 77 FIDLEG) hat spätestens sechs Monate ab der Anerkennung einer Ombudsstelle durch das EFD zu geschehen (Art. 108 FIDLEV).

Innerhalb des 3. Titels *(Anbieten von Finanzinstrumenten)* sind vor allem die Übergangsfristen für die Prospektpflicht und das BIB zu beachten:

- Die allgemeine Prospektpflicht für Effekten, für die ein öffentliches Angebot unterbreitet oder um Zulassung zu einem Handelsplatz ersucht wird, gilt nach Ablauf von sechs Monaten seit der Zulassung einer Prüfstelle durch die FINMA, frühestens ab dem 1. Oktober 2020. Bis zu diesem Zeitpunkt gelten für öffentliche Angebote die Vorschriften des OR (Art. 652a bzw. 1156 OR) bzw. für Handelszulassungen die entsprechenden Vorschriften des Handelsplatzes (Art. 109 FIDLEV).

- Im Fondsbereich und bei strukturierten Produkten kann während einer Übergangsfrist von zwei Jahren, d.h. bis zum 31. Dezember 2021, anstelle des BIB nach wie vor der vereinfachte Prospekt nach KKV verwendet werden. Für die übrigen Finanzinstrumente gilt die Pflicht zur Erstellung des BIB ab dem 1. Januar 2022 (Art. 110 und 111 FIDLEV).

- Keine Übergangsfristen hat der Gesetzgeber bei Art. 68 (Werbung), 69 (Haftung), 70 (Strukturierte Produkte) und 71 (Interne Sondervermögen) vorgesehen.

Keine Übergangsfrist gibt es auch beim 4. Titel, der Pflicht zur Herausgabe von Dokumenten (Art. 72 f. FIDLEG).

Wichtig im Bereich des Übergangs zum FIDLEG ist auch die *Abgrenzung zum KAG* bzw. die richtige Koordination zwischen den aufzuhebenden Pflichten des KAG und den neu in Kraft tretenden Pflichten des FIDLEG. Die endgültige Version der FIDLEV hat diesbezüglich einiges klarstellen können: Grundsätzlich gelten die Verhaltens- und Organisationsregeln des KAG, insbesondere die Art. 20 bis 24 aKAG weiter, bis die Finanzdienstleister die entsprechenden Vorgaben des FIDLEG einhalten, spätestens bis zum Ablauf der Übergangsfrist von zwei Jahren. Auch sind während dieser Zeit für ausländische kollektive Kapitalanlagen, die ausschliesslich an qualifizierte Anleger vertrieben werden, die Anforderungen nach Art. 120 Abs. 4 aKAG zu beachten (insb. Vertreter und Zahlstelle in der Schweiz). Die von der FINMA als Mindeststandard anerkannte relevante Selbstregulierung ist während der Übergangszeit ebenfalls einzuhalten (Art. 105 Abs. 3 und Art. 106 Abs. 3 FIDLEV sowie Art. 144 KKV). Analoges gilt für die Weitergeltung des bisherigen Art. 11 BEHG.

Wichtigste Übergangsfristen FINIG

Auch das FINIG sieht Übergangsfristen vor. Diese sind insbesondere relevant für Marktteilnehmer, die neu einer Bewilligungspflicht unterstehen. Diesbezüglich unterscheidet Art. 74 FINIG grundsätzlich wie folgt:

- Finanzinstitute, die nach bisherigem Recht keiner Bewilligungspflicht unterstehen, aber neu bewilligungspflichtig sind, müssen sich innert sechs Monaten ab dem Inkrafttreten des Gesetzes, d.h. bis zum 30. Juni 2020, bei der FINMA melden. Innert dreier Jahre, d.h. bis zum 31. Dezember 2022, müssen sie die Anforderungen des Gesetzes einhalten und ein Bewilligungsgesuch gestellt haben. Bis zum Entscheid können sie die Tätigkeit fortsetzen, wenn sie einer SRO nach Art. 24 GwG angeschlossen sind. Für bisher direkt der FINMA unterstellte Finanzintermediäre nach GwG gilt die Anschlusspflicht an eine SRO nicht, wenn sie innert einem Jahr die Zusage der Unterstellung einer Aufsichtsorganisation erhalten und der FINMA das Bewilligungsgesuch stellen (Art. 92 FINIV).

- Nehmen Vermögensverwalter oder Trustees innerhalb eines Jahres nach dem Inkrafttreten des Gesetzes die Tätigkeit neu auf, so müssen sie dies der FINMA unverzüglich melden und ab Aufnahme der Tätigkeit die Bewilligungsvoraussetzungen mit Ausnahme von Art. 7 Abs. 2 FINIG (Anschluss an Aufsichtsorganisation) erfüllen. Der Anschluss an eine Aufsichtsorganisation hat dann ein Jahr nach Bewilligung einer Aufsichtsorganisation zu erfolgen, wobei die Einreichung des Gesuches genügt. Bis zum Entscheid über die Bewilligung können sie die Tätigkeit ausüben, sofern sie einer SRO gemäss Art. 24 GwG angeschlossen sind.

1.2 KAG: Limited Qualified Investor Fund (L-QIF)

Nachdem die Vernehmlassung 2019 abgeschlossen wurde,[2] soll voraussichtlich im Frühling 2020[3] die Botschaft zum Limited Qualified Investor Fund (L-QIF) veröffentlicht werden. Bei der Vorlage handelt es sich um eine Initiative, die den Fondsplatz Schweiz fördern soll. Inspiriert von der ausländischen Konkurrenz[4] soll ein neuer Schweizer Fond geschaffen werden, der nur qualifizierten Anlegern offensteht, keine Bewilligung benötigt und auch nicht der Aufsicht der FINMA untersteht. Allerdings muss die Verwaltung durch bestimmte von der FINMA beaufsichtigte Institute wahrgenommen werden[5].

---

[2] Vgl. Vernehmlassungsunterlagen des EFD vom 26. Juni 2019 zur Änderung des Kollektivanlagengesetzes.

[3] Siehe <https://www.sif.admin.ch/sif/de/home/finanzmarktpolitik/finanzmarktregulierung-und--aufsicht-/regulierungsprojekte.html>.

[4] Insbesondere dem Reserved Alternative Investment Fund (RAIF) in Luxemburg.

[5] Vgl. Erläuternder Bericht zur Vernehmlassungsvorlage vom 26. Juni 2019, S. 14 ff.

1.3 Bankeninsolvenz, Einlagensicherung und Segregierung

In einer einzigen Vorlage, die im März 2019 in die Vernehmlassung geschickt wurde,[6] werden gleichzeitig die drei nachfolgenden kurz zusammengefassten Themenbereiche adressiert.

Zum einen sollen die bisher hauptsächlich in einer Verordnung der FINMA enthaltenen Bestimmungen über die *Bankeninsolvenz* teilweise ins Bankengesetz übergeführt werden. Dies unter anderem auch, um die doch stark in die Rechte der Gläubiger eingreifenden Vorschriften auf eine gesetzliche Stufe zu heben. Materiell sind dabei zurzeit keine grossen Änderungen vorgesehen.

Gleichzeitig soll der *Einlegerschutz* geändert werden. Zu den identifizierten Defiziten des geltenden Systems gehören unter anderem die lange Dauer bis zur Auszahlung der gesicherten Einlagen, die Finanzierung und die Systemobergrenze[7]. Vorgeschlagen wird unter anderem, die Dauer bis zur Auszahlung auf wenige Arbeitstage zu verkürzen. Ausserdem sollen die Banken keine Zusatzliquidität zu Finanzierungswecken mehr halten müssen, aber sie sollen zumindest im Umfang von 50 % der Beitragsverpflichtungen Wertschriften oder Barguthaben bei einer Drittstelle hinterlegen. Auch soll die Systemobergrenze neu festgelegt werden.

Als dritter Teil der Vorlage soll auch das Bucheffektengesetz abgeändert werden. Es soll dabei die in der Praxis schon häufig durchgeführte *Segregierung*, d.h. die getrennte Verwahrung von Eigen- und Kundenbeständen entlang der gesamten Verwahrkette, gesetzliche Pflicht werden.

Die Botschaft für all diese Änderungen wird für den Frühling 2020 erwartet[8].

1.4 Geldwäschereibekämpfung

Die im Vorjahr schon erwähnte[9] revidierte Geldwäschereiverordnung der FINMA ist per 1. Januar 2020 in Kraft getreten. Zu den wichtigsten Änderungen gehören die Pflicht zur gruppenweiten Einhaltung der Prinzipien des Geldwäschereigesetzes, die Abklärungspflichten beim Einsatz von Sitzgesell-

---

[6] Vgl. Vernehmlassungsunterlagen des EFD vom 8. März 2019 zur Änderung des Bankengesetzes (Insolvenz, Einlagensicherung, Segregierung).

[7] Vgl. Erläuternder Bericht des EFD vom 8. März 2019 zur Änderung des Bankengesetzes (Insolvenz, Einlagensicherung, Segregierung), S. 7 ff.

[8] Siehe <https://www.sif.admin.ch/sif/de/home/finanzmarktpolitik/finanzmarktregulierung-und--aufsicht-/regulierungsprojekte.html>.

[9] Vgl. Baker McKenzie, Entwicklungen des Schweizerischen Wirtschaftsrecht 2018/2019.

schaften und die besonderen Sorgfaltspflichten bei "high-risk" Ländern und komplexen Strukturen. Gleichzeitig mit der geänderten GwV-FINMA ist auch die revidierte VSB 20[10] in Kraft getreten.

Die im Juni 2019 veröffentlichte Botschaft zur Teilrevision des GwG[11] sieht verschiedene Änderungen vor, die unter anderem verhindern sollen, dass die Schweiz im nächsten FATF Länderbericht schlechter benotet wird. Zu den wichtigsten vorgeschlagenen Änderungen gehören folgende Punkte:

- Neu sollen auch Beraterinnen und Berater unter das GwG fallen, wenn sie Dienstleistungen im Zusammenhang mit der Gründung, Führung oder Verwaltung von Sitzgesellschaften oder Trusts erbringen, inklusive der Organisation der Mittelbeschaffung. Erfasst werden sollen auch Dienstleistungen im Zusammenhang mit dem Kauf oder Verkauf von Sitzgesellschaften, die Bereitstellung von Adressen oder Räumlichkeiten für Sitzgesellschaften oder Trusts sowie die Funktion des nominellen Anteilseigners (*nominee shareholder*).

- Die Pflicht, die Identität des wirtschaftlichen Berechtigten zu überprüfen, soll im Gesetz verankert werden.

- Auch die Pflicht, die Kundendaten in regelmässigen Abständen zu aktualisieren, soll durch einen neuen Art. 7 Abs. 1bis GwG ins Gesetz aufgenommen werden. In welchen Abständen die Aktualisierung erfolgen soll sowie die Art und der Umfang der Überprüfung wird den Finanzintermediären überlassen, die sich am Risiko der Geschäftsbeziehung orientieren müssen.

Weitere geplante Änderungen betreffend beispielsweise die Senkung der Schwellenwerte für den Edelmetall- und Edelsteinhandel von CHF 100'000 auf CHF 15'000 und Anpassungen beim Meldesystem für Meldungen an die MROS (wobei das bisherige Melderecht - neben der Meldepflicht - beibehalten werden soll).

Die Vorlage befindet sich im Parlament, die Inkraftsetzung ist wohl frühestens für Anfang 2021 zu erwarten[12].

---

[10] Zu finden auf <www.swissbanking.org>.
[11] BBl 2019 5451 ff.
[12] Siehe <https://www.sif.admin.ch/sif/de/home/finanzmarktpolitik/finanzmarktregulierung-und-aufsicht-/regulierungsprojekte.html>.

1.5 Blockchain/DLT

Der im Dezember 2018 publizierte Bericht des Bundesrates über Blockchain/DLT wurde bereits letztes Jahr vorgestellt[13]. Im März 2019 wurde die Vernehmlassungsvorlage zur Anpassung des Bundesrechts an Entwicklungen der Technik verteilter elektronischer Register publiziert[14], und die Botschaft zum Thema wurde dann im November 2019 veröffentlicht[15].

Der Ansatz ist gleichgeblieben: Es soll kein umfassendes, spezifisches neues Gesetz eingeführt werden, sondern es sollen einzelne Anpassungen in bestehenden neun Bundesgesetzen umgesetzt werden (OR, SchKG, FIDLEG, NBG, BankG, FINIG, GwG, BEG und FinfraG). Hauptziele der Vorlage sind:[16]

- Erhöhung der Rechtssicherheit bei der Übertragung von Rechten mittels manipulationsresistenter elektronischer Register und Klärung der Schnittstellen zum Bucheffektenrecht (Zivilrecht);
- Klärung der Aussonderung im Konkurs von kryptobasierten Vermögenswerten sowie Ermöglichung des Zugangs zu nicht vermögenswerten Daten (Insolvenzrecht);
- Einführung eines neuen und flexiblen Bewilligungsgefässes für blockchainbasierte Finanzmarktinfrastrukturen (Finanzmarktrecht im Allgemeinen); und
- Abstimmung der bankinsolvenzrechtlichen Bestimmungen mit den Anpassungen im allgemeinen Insolvenzrecht (Bankenrecht).

Die Vorlage soll 2020 im Parlament behandelt werden.

2. Verordnungen, Richtlinien und Rundschreiben

2.1 Kleinbankenregime

Nachdem die Testphase erfolgreich abgeschlossen werden konnte, ist das Kleinbankenregime definitiv per 1. Januar 2020 in Kraft getreten. Dabei werden ver-

---

[13] Vgl. Baker McKenzie, Entwicklungen des Schweizerischen Wirtschaftsrecht 2018/2019.
[14] Vgl. Medienmitteilung EFD vom 22. März 2019 mit den dazugehörenden Dokumenten der Vernehmlassung.
[15] Vgl. Medienmitteilung EFD vom 27. November 2019 mit Botschaft, Gesetzesbestimmungen und Ergebnisbericht der Vernehmlassung.
[16] Vgl. BBl 2020 233, Ziff. 1.1.4 Handlungsbedarf.

schiedene Vorschriften[17] angepasst, um für gewisse besonders liquide und gut kapitalisierte Banken der Aufsichtskategorien 4 und 5 die Regulierung und Aufsicht weniger komplex zu gestalten.

2.2 Rechnungslegung

Die FINMA hat die Bestimmungen zur Rechnungslegung der Banken neu gestaltet: Das bisherige Rundschreiben zur Rechnungslegung der Banken wird gekürzt[18] und mit einer prinzipienbasierten Verordnung (Rechnungslegungsverordnung-FINMA) ergänzt. Materiell wurde insbesondere der Ansatz zur Bildung von Wertberichtigungen für Ausfallrisiken geändert. Die Neuerungen sind per 1. Januar 2020 in Kraft getreten[19].

2.3 Kryptowährungen/Stable-Coins

Im September 2019 veröffentlichte die FINMA ihre Position zu Projekten, welche die Schaffung von "Stable-Coins" vorsehen.[20] Auslöser waren einerseits eine steigende Anzahl von "Stable-Coin" Projekten, andererseits die Anfrage der Libra Association bezüglich der aufsichtsrechtlichen Einschätzung des Libra Projektes.

Bei der aufsichtsrechtlichen Behandlung von "Stable-Coins" bestätigte die FINMA ihren bisherigen Ansatz in diesem Bereich: Danach liegt der Aufsichtsfokus auf der wirtschaftlichen Funktion und dem Zweck des Tokens, und die aufsichtsrechtliche Regulierung wird grundsätzlich technologieneutral umgesetzt. Natürlich ist auch die konkrete Ausgestaltung der betroffenen "Stable-Coins" zu berücksichtigen. Themen wie Geldwäschereibekämpfung und Effektenhandel sind aus finanzmarktrechtlicher Sicht relevant, aber es gibt auch Berührungspunkte zum Bankengesetz, zum KAG und zum FinfraG. Die FINMA nahm dies zum Anlass, ihre schon bestehende Wegleitung für Unterstellungsfragen betreffend "Initial Coin Offerings (ICOs)" zu ergänzen.[21]

---

[17] Dazu gehören die Anpassung der Eigenmittelverordnung (ERV) und von acht FINMA-Rundschreiben. Vgl. zum letzteren die FINMA Medienmitteilung vom 27. November 2019 mit der Aufzählung der betroffenen Rundschreiben.

[18] Neues FINMA-Rundschreiben 2020/1, Rechnungslegung – Banken.

[19] Vgl. zum Ganzen die Medienmitteilung der FINMA vom 14. November 2019 mit den relevanten Dokumenten.

[20] Medienmitteilung der FINMA vom 11. September 2019.

[21] Medienmitteilung der FINMA vom 11. September 2019 und Wegleitung für Unterstellungsanfragen betreffend Initial Coin Offerings (ICOs) vom 16. Februar 2018.

Gemäss FINMA ergibt sich die folgende indikative aufsichtsrechtliche Einordnung von "Stable-Coins"[22]:

- In den meisten Fällen besteht aufgrund des üblichen Zahlungsmittelzwecks eine Unterstellung unter das GwG.

- Bei einer Anbindung an eine bestimmte Fiat-Währung und wenn ein fixer Einlösungsanspruch vorliegt, dürfte regelmässig eine bankenrechtliche Einlage gegeben sein, allenfalls könnte eine kollektive Kapitalanlage vorliegen.

- Bei einer Anbindung an Rohstoffe liegt unter Umständen keine Effekte vor, wenn der "Stable-Coin" die Funktion eines blossen Beweisstücks für die Eigentumsposition darstellt. Allerdings setzt die FINMA u.a. voraus, dass das Eigentumsrecht an den Rohrstoffen tatsächlich besteht und die Übertragung des Tokens auch die tatsächliche Übertragung des Eigentums zur Folge hat. Besteht demgegenüber bloss ein schuldrechtlicher Anspruch auf Bankedelmetalle, so dürfte wohl (ähnlich wie bei Edelmetallkonti) eine Qualifikation als bankenrechtliche Einlage notwendig sein. Bei anderen Rohstoffen als Bankedelmetalle dürfte oft eine Effekte, evtl. ein Derivat vorliegen.

- Bei Anbindung an einzelne Immobilien (oder ein Portfolio von Immobilien) und gibt es einen Einlösungsanspruch, bestehen gemäss FINMA aufgrund der normalerweise gegebenen Fremdverwaltung Anhaltspunkte für eine kollektive Kapitalanlage.

- Besteht eine Anbindung an einzelne Effekten mit einem schuldrechtlichen Lieferanspruch, so liegt gemäss FINMA regelmässig wiederum eine Effekte vor.

Im Zusammenhang mit auf Kryptowährungen und Blockchain basierten Geschäftsmodellen ist ausserdem auf die Aufsichtsmitteilung der FINMA vom 26. August 2019 hinzuweisen.[23] Auch darin hält die FINMA ihren technologieneutralen Regulierungsansatz fest und betont, dass sie die schweizerische Geldwäschereigesetzgebung auch auf Blockchain Finanzdienstleistungen anwendet, insbesondere im Bereich des Zahlungsverkehrs auf der Blockchain. Gleichzeitig hat die FINMA auch mitgeteilt, dass sie zwei Dienstleistungsunternehmen in diesem Bereich erstmals eine Bank- und Effekthändlerbewilligung erteilt hat.[24]

---

[22] Vgl. Ergänzung der Wegleitung für Unterstellungsanfragen betreffend Initial Coin Offerings (ICOs) vom 11. September 2019.
[23] Zu finden auf: <www.finma.ch>.
[24] FINMA Medienmitteilung vom 26. August 2019.

2.4 Verordnung zum Finanzmarktaufsichtsgesetz

Nachdem 2019 die Vernehmlassung durchgeführt worden war, hat der Bundesrat die neue Verordnung zum Finanzmarktaufsichtsgesetz auf den 1. Januar 2020 in Kraft gesetzt[25]. Die neue Verordnung präzisiert unter anderem die Kompetenzen, über welche die FINMA im internationalen Bereich und in der Regulierung verfügt, und klärt deren Verhältnis zu den Kompetenzen des Bundesrates bzw. des EFD[26].

2.5 FINMA Risikomonitor 2019

Erstmals hat die FINMA einen Risikomonitor veröffentlicht.[27] Er soll einen Überblick über die nach Ansicht der FINMA aktuell bedeutendsten Risiken in einem Zeitraum von bis zu drei Jahren aufzeigen. Daraus abgeleitet ergibt sich dann auch der Fokus der Aufsichtstätigkeit der FINMA. Die sechs von der FINMA identifizierten Hauptrisiken sind das Niedrigzinsumfeld, die potentielle Korrektur im Immobilien- und Hypothekarmarkt, Cyberrisiken, der Umgang mit dem Wegfall des Libor, Geldwäschereirisiken und die Risiken in Folge des eingeschränkten Marktzugangs im Ausland. Als längerfristige Trends und Risiken werden insbesondere die Risiken im Zusammenhang mit dem Klimawandel genannt.

---

[25] Medienmitteilung des Bundesrates von 13. Dezember 2019 mit den relevanten Unterlagen.
[26] Medienmitteilung des Bundesrates von 13. Dezember 2019.
[27] FINMA-Riskmonitor 2019, veröffentlicht im Dezember 2019 und zu finden auf <www.finma.ch>.

II. Regulatorische Rechtsprechung und Fallpraxis der FINMA

Im Bereich der regulatorischen Rechtsprechung und Fallpraxis der FINMA ist für das Berichtsjahr 2019 der Enforcement Bericht 2018 der FINMA zu erwähnen. Dieser wurde im April 2019 veröffentlicht.[28] Wiederum enthält er lesenswerte anonymisierte Zusammenfassungen über abgeschlossene Enforcement Fälle der FINMA, eine Übersicht über relevante Gerichtsentscheide sowie einen Statistikteil zur Enforcement Tätigkeit der FINMA. Wie in den Vorjahren waren auch im Jahr 2018 viele Fälle im Bereich der Geldwäschereibekämpfung zu behandeln. Ausserdem gab es eine markante Zunahme bei den Abklärungen zu möglicherweise nicht bewilligten Tätigkeiten, auch im Bereich von Blockchain-basierten Geschäftsmodellen. Interessant ist auch eine von der FINMA selbst erwähnte Statistik: Beschwerdeführer hatten im Jahr 2018 öfter Erfolg mit ihren Anfechtungen einer FINMA Verfügung. Nur in 59 % der angefochtenen Fälle stützten die Gerichte die Enforcement Verfügungen der FINMA ganz oder mehrheitlich.

---

[28] FINMA-Enforcement Bericht 2018 vom 4. April 2019, zu finden auf <www.finma.ch>.

Kapitalmarktrecht

MATTHIAS COURVOISIER[*]

I. Neue Entwicklungen

1. FIDLEG und FIDLEV

Auf den 1. Januar 2020 ist das Finanzdienstleistungsgesetz (FIDLEG) in Kraft getreten. Es führt für das öffentliche Angebot und für die Zulassung zum Handel von Effekten generell eine Prospektpflicht ein. Ein einheitliches Ausnahmeregime begleitet die Prospektpflicht. Es werden Inhaltsvorschriften auf Gesetzes- und Verordnungsstufe festgeschrieben. Neu prüft eine lizenzierte Prüfstelle den Prospekt und Ergänzungen dazu. Die Bestimmungen über die Prospektpflicht gelten erst ab dem 1. Oktober 2020, frühestens mit Zulassung der ersten Prüfstelle. Die Ausnahmen von der Prospektpflicht gelten dagegen bereits ab dem 1. Januar 2020.

1.1 Prospektpflicht und Ausnahmen

Die Prospektpflicht gilt bei öffentlichen Angeboten und bei der Zulassung zum Handel auf einem Handelsplatz nach Art. 26 lit. a FinfraG.

Der Begriff des öffentlichen Angebots hat sich nicht gewandelt. Es ist ein an das Publikum gerichtetes Angebot. Der Begriff des unbeschränkten Personenkreises hilft bei der Definition nicht weiter, denn 1000 Aktionäre einer bestimmten Gesellschaft sind auch ein beschränkter Personenkreis. Allerdings sollte man auch nicht so weit gehen, wie im Übernahmerecht, in dem gefordert wird, dass sich die Adressaten des Angebots untereinander abstimmen können müssen. Die Frage entschärft sich allerding durch die Ausnahmen in Art. 36 und 37 FIDLEG. So sind z.B. Angebote an ausschliesslich professionelle Kunden und Angebote an weniger als 500 Anleger ausgenommen. Ebenfalls wurden die bereits früher geltenden Bestimmungen des Kotierungsreglements der SIX, die sich an die Vorschriften in der EU anlehnten, in das Gesetz übernommen. Es geht dabei im

---

[*] Bearbeitet von Dr. iur. Matthias Courvoisier, Rechtsanwalt, MSc in Finance (London Business School).

Wesentlichen um den Tausch von bereits ausgegebenen Aktien in neue Aktien desselben Emittenten, die Umwandlung von Finanzinstrumenten in Aktien des gleichen Emittenten, Dividenden in Aktien und Mitarbeiterbeteiligungen. Ebenfalls darunter fallen Umstrukturierungstatbestände und Tauschangebote, allerdings nur, wenn einem Prospekt entsprechende Informationen z.B. in das Tauschangebot aufgenommen werden.

Bei der Zulassung zum Handel geht es um die Zulassung an einer Börse oder einem multilateralen Handelssystem. Die vorgesehenen Ausnahmen in Art. 38 FIDLEG lehnen sich wiederum an die Ausnahmen der SIX und der EU an. Die wesentlichste Neuerung ist, dass bei der Zulassung von Beteiligungspapieren, die derselben Gattung angehören, die bereits zum Handel zugelassen ist, die Schwelle von 10 % über 12 Monate auf 20 % über 12 Monate angehoben wurde. Zudem gelten die Bestimmungen über die Ausnahmen bei öffentlichen Kaufangeboten für die Zulassung zum Handel analog. Dies ermöglicht einen Gleichlauf von öffentlichem Angebot und Zulassung zum Handel.

1.2 Prospektinhalt

Der Prospektinhalt hat keine wesentlichen Änderungen erfahren. Die Anhänge der FIDLEV entsprechen im Wesentlichen den bisherigen Regularien der SIX. Lediglich das Erfordernis einer Zusammenfassung dürfte als neu bezeichnet werden. Immerhin war die Zusammenfassung bereits vor dem FIDLEG üblich.

1.3 Prüfung von Prospekt und Nachträgen, Effekt von Nachträgen

Neu ist die Prospektprüfung. Diese galt zwar bereits bei der Kotierung an der SIX Swiss Exchange und der BX Swiss, sie wird aber inhaltlich und in ihrem Anwendungsbereich ausgedehnt.

Inhaltlich liegt nicht mehr bloss eine Prüfung auf formeller Vollständigkeit des Prospekts mit Blick auf die Inhaltsvorschriften vor. Geprüft wird neu nach Art. 51 Abs. 1 FIDLEG auch auf Kohärenz und Verständlichkeit. Bei diesen beiden zusätzlichen Prüfungspunkten wird allerdings grosse Zurückhaltung erwartet, denn der Emittent bleibt für den Prospekt vollumfänglich verantwortlich. Die Kohärenzprüfung beschränkt sich daher auf grobe Abweichungen, d.h. Widersprüche, die selber die Wesentlichkeitsschwelle überschreiten. Das Gleiche gilt bei der Verständlichkeit. Von einem Anleger darf erwartet werden, dass er ein Produkt, das er nicht versteht, nicht erwirbt. Fehlende Verständlichkeit im Sinne von Art. 51 Abs. 1 FIDLEG kann daher nur vorliegen, wenn auch die Fachperson die Ausführungen nicht mehr versteht und wenn die unverständliche Passage die Wesentlichkeitsschwelle überschreitet.

In ihrem Anwendungsbereich wurde die Prüfung auch auf die öffentlichen Angebote ausgedehnt. Das beutet, dass bei Effekten, die öffentlich angeboten werden, aber nicht zum Handel zugelassen werden sollten, gleichwohl eine Prospektprüfung erfolgen muss. Ebenfalls zu prüfen sind nach Art. 56 FIDLEG Nachträge. Nachträge liegen vor, wenn zwischen Genehmigung des Prospekts und dem endgültigen Schluss des öffentlichen Angebots bzw. der Eröffnung des Handels neue wesentliche Tatsachen eintreten oder festgestellt werden. Von der Prüfung ausgenommen sind Tatsachen, die die Prüfstelle in einer Liste festhalten wird (Art. 56 Abs. 4 FIDLEG). Es wird erwartet, dass es sich dabei um Elemente handeln wird, die gar nicht einer sinnvollen Prüfung unterzogen werden können, wie namentlich der nachträglich festgelegte Angebotspreis oder bei bereits zum Handel zugelassenen Effekten Ad hoc-meldepflichtige Tatsachen, die bekannt gemacht werden.

Viel bedeutender als die Prüfung sind die Vorschriften betreffend der Nachträge aber in anderer Hinsicht. So wird nach Art. 56 Abs. 5 FIDLEG bei Eintritt einer wesentlichen Tatsache die Angebotsfrist verlängert, soweit sie früher als zwei Tage nach Veröffentlichung des Nachtrags ablaufen sollte und die Anlegerinnen und Anleger können ihre Zeichnung bzw. ihre Erwerbszusage bis zum Ende der Zeichnungs- bzw. Angebotsfrist zurücknehmen. Diese Vorschrift ist noch weitgehend ungeklärt. So ist unklar, was denn der endgültige Schluss des Angebots ist. In anderen Staaten ist es der Vollzug. Das erscheint aber unangemessen, denn damit würde trotz des Vorliegens einer festen Vereinbarung und Ablaufs der Angebotsfrist, das Risiko ohne Not auf den Emittenten verschoben. Ebenfalls ist unklar, ob jede wesentliche Tatsache diesen Effekt haben kann. Man denke etwa an Angebote, in denen erst im Rumpplacement der Preis festgelegt wird. Würde dafür eine Verlängerung der Angebotsfrist vorgesehen, wären entsprechende Angebote gar nicht mehr möglich. Unklar ist auch, ob die neue Regel nur bei Angeboten mit Prospektpflicht oder auch ohne eine solche gilt. Wie ist es z.B. bei einem öffentlichen Tauschangebot, bei dem die Angebotsdokumentation entsprechend angereichert wurde, damit keine Prospektpflicht gegeben ist?

Bedeutend sind auch die Vorschriften über die vorgängige und die nachträgliche Prüfung von Prospekten. Im Grundsatz gilt die vorgängige Prospektprüfung. Diese wurde aber generelle bei Anleihen und bei strukturierten Produkten mit Laufzeit von 30 und mehr Tagen stark gelockert, indem generell die nachträgliche Prüfung vorgesehen wurde. Voraussetzung dafür ist jeweils, dass eine Bank nach BankG oder ein Wertpapierhaus nach FINIG bestätigt, dass zum Zeitpunkt der Veröffentlichung die wichtigsten Informationen über den Emittenten und die Effekten vorliegen. Dies ermöglicht es, wie bis anhin, Anleihen rasch auszugeben. Bei risikoreicheren Anleihen, namentlich Wandelanleihen kleinerer Emittenten, wird man bei der Lancierung des Angebots regelmässig den Prospekt vorliegen haben wollen.

1.4 Basisinformationsblatt

Neu müssen Basisinformationsblätter für Finanzinstrumente erstellt werden, die Privatkundinnen und -kunden angeboten werden, ausser wenn diese im Rahmen eines Vermögensverwaltungsvertrags geschieht (Art. 58 Abs. 1 und 2 FIDLEG). Diese Pflicht gilt nicht für Aktien und Aktien gleichzustellende Effekten sowie Forderungspapiere ohne derivativen Charakter (Art. 59 Abs. 1 FIDLEG). Diese Liste wurde klarstellend in der Verordnung ausgedehnt auf Wandelanleihen, handelbare Bezugs- und Vorwegzeichnungsrechte, die bestehenden Aktionären zugeteilt werden, Mitarbeiteroptionen und Dividendenausschüttungen in Form von Ansprüchen auf Aktien (Art. 86 FIDLEV). Forderungspapiere mit derivativen Charakter sind nur solche, deren Auszahlungsprofil demjenigen von Derivaten nach dem FinfraG entspricht (Art. 86 Abs. 2 FIDLEV). Namentlich gehören nicht dazu Anleihensobligationen mit vorzeitigem Rückzahlungs- und Kaufrecht, Zero-Coupon Bonds, Anleihensobligationen mit Inflationsschutz (Art. 86 Abs. 2 FIDLEV). In der EU werden auch für Wandelanleihen Produktinformationsblätter verlangt, was jedoch unklar ist. Die Wirkung daraus war, dass Wandelanleihen Retailkunden überhaupt nicht mehr angeboten werden.

Das Basisinformationsblatt soll diejenigen Angaben enthalten, damit die Anlegerin und der Anleger einen fundierten Anlageentscheid treffen kann (Art. 60 FIDLEG). Das Kriterium für den Prospektinhalt nach Art. 40 Abs. 1 FIDLEG weicht an sich nicht davon ab - daher fragt sich, was das Basisinformationsblatt eigentlich genau bewirken soll.

Das Basisinformationsblatt muss angepasst werden, wenn sich wesentliche Veränderungen ergeben (Art. 62 Abs. 1 FIDLEG), und ist mindestens einmal jährlich zu überprüfen (Art. 91 Abs. 1 FIDLEV).

Das Basisinformationsblatt muss nicht nur vor dem Angebot veröffentlicht werden, sondern Finanzdienstleister müssen es auch den Privatkundinnen und -kunden zur Verfügung stellen, und zwar vor dem Vertragsschluss.

Für Basisinformationsblätter gilt generell eine Übergangsfrist von zwei Jahren.

1.5 Werbung

Geregelt wird in Art. 68 FIDLEG neu auch die Werbung für Finanzinstrumente. Werbung muss klar erkennbar sein. In ihr ist auf den Prospekt und das Basisinformationsblatt und die Bezugsstelle hinzuweisen. Die Werbung muss mit dem Prospekt und dem Basisinformationsblatt übereinstimmen. Unklar ist, was Werbung ist. Namentlich ist nicht klar, ob dazu z.B. auch eine Pressemitteilung über die Absicht gehört, sich an einer Börse zu kotieren. Im Zweifel müsste der Begriff eher weit ausgelegt werden. Er kann aber nur Informationen erfassen, die der Emittent selbst publiziert oder in seinem Namen publiziert werden. Nicht dazu gehören z.b. Analystenberichte, auch wenn diese von der gleichen Bank erstellt werden, die einen Börsengang begleitet, denn es gibt wegen der Unabhängigkeit der Finanzanalyse keine Möglichkeit, den Inhalt der Berichte zu beeinflussen.

1.6 Haftung

Kaum geändert hat sich die Haftung (Art. 69 FIDLEG). Immerhin wurde der blosse Vertrieb von der Haftung ausgenommen. Präzisiert wurde auch die Haftung für wesentliche Perspektiven; dafür soll nur gehaftet werden, wenn die Angaben wider besseren Wissens oder ohne Hinweis auf die Ungewissheit zukünftiger Entwicklungen gemacht werden. Immerhin ist hier in Rechnung zu stellen, dass dieser direkte Vorsatz schneller gegeben ist als man denkt, denn letztlich erfordert die Angabe von Perspektiven eine saubere Aufarbeitung der Grundlagen der Zukunftsaussagen und -einschätzungen. Wird ohne weiteres auf eine solche saubere Aufarbeitung ganz oder teilweise verzichtet oder zeigen diese Grundlagen ein anderes Bild, kann es schwierig werden, einen direkten Vorsatz wegzudiskutieren.

Überflüssigerweise wurde auch eine Strafbestimmung aufgenommen, die dann greift, wenn in Prospekten oder Basisinformationsblättern falsche Angaben gemacht oder wesentliche Tatsachen verschwiegen werden oder wenn der Prospekt oder das Basisinformationsblatt nicht spätestens mit Beginn des Angebots veröffentlicht werden (Art. 90 FIDLEG).

2. Regulierung der SIX Swiss Exchange

2.1 Regulierung in der Übergangsfrist

Die SIX Exchange Regulation hat per Anfang Januar zwei Sets an Regularien für die Übergangszeit erlassen. Es handelt sich um diejenigen für die Zeit, während der noch die bisherigen Prospektvorschriften zur Anwendung gelangen und diejenigen nach voller Geltung der Prospektvorschriften des FIDLEG. Einige Fragen, wie etwa die Geltung der Ausnahmevorschriften des FIDLEG in der Übergangszeit oder die (teilweise) Geltung der Vorschriften über Nachträge und deren Wirkung, sind dabei unklar, können aber wenigstens in einem beschränkten Ausmass mit der SIX Exchange Regulation vorbesprochen werden.

Unklar ist heute, ob nach Auslaufen der Übergangsfrist noch eine bloss formelle Zulassung zum Handel möglich ist, d.h. die Zulassung von Aktien, die aus bedingtem Kapital durch Ausübung von Optionen oder Wandelrechten entstehenden bzw. analogen Tatbeständen ausländischer Emittenten. Die Kotierungsregularien verweisen sowohl in der Fassung während der Übergangsfrist als auch nach deren Ablauf auf die Möglichkeit der bloss formellen Kotierung. Das ist konsequent, denn das FIDLEG schreibt nicht vor, Aktien, die zum Handel (formell) zugelassen sind, auch bereits existieren oder im Handel erhältlich sein müssen. Daher steht der bloss formellen Kotierung auch nichts entgegen.

2.2 Neue Regeln für das reine Listing

Neu hat die SIX Exchange Regulation die Vorschriften über das direkte Listing verschärft. Art. 43 Abs. 2 Kotierungsreglement sieht vor, dass bei Gesellschaften, die erstmals Beteiligungsrechte kotieren, das Gesuch von einer Bank oder einem Wertpapierhaus gestellt werden muss. Damit versucht die SIX Exchange Regulation sicher zu stellen, dass Gesellschaften, die gelistet werden wollen, normalerweise über eine Bank einen IPO machen; vermutlich wird die Massnahme wenig nützen. Selbstverständlich wird sie auch die Attraktivität der Börse im Gesamten nicht verbessern.

II. Praxis

1.1 Praxis der Übernahmekommission

Die Übernahmekommission hatte in der Verfügung 730/01 betreffend Alpiq Holding AG die Gelegenheit ausführlich die Geltungsbereiche der Mindestpreisregeln und der Best Price Rule abzustecken und zu konkreten Einzelfragen Stellung zu beziehen. Eine neue Praxis hat sie nicht entwickelt, aber der Fall ist exemplarisch für die Anwendung dieser Regeln in einem relativ komplexen Fall.

Einen eher besonderen Fall hatte die Übernahmekommission in der Verfügung 745/02 betreffend LEM Holding AG zu beurteilen. Es ging um die Gültigkeit eines Opting Out. Ein Aktionär hatte Einsprache gegen die Verfügung 745/01 erhoben und verlangt, dass die Gültigkeit der Opting Out Klausel verneint werde. Die Übernahmekommission hielt das Vorgehen der Einsprecherin für rechtsmissbräuchlich, weil sie den damaligen Generalversammlungsbeschluss nicht gemäss Art. 706 OR anfocht. Korrekterweise liegt kein Rechtsmissbrauch vor, sondern es wäre im Umfang der Vorbringen, die in den Bereich von Art. 706 OR fallen, auf ein Nichteintreten zu entscheiden gewesen. Die Übernahmekommission beurteilte alsdann die übernahmerechtliche Gültigkeit der

Opting Out Klausel, d.h. unter den Aspekten der Transparenz und der doppelten Mehrheit sowie des Fehlens besonderer Gründe, und bejahte diese.

Die Übernahmekommission hatte sich im Fall 0750/01 betreffend Schmolz+Bickenbach AG mit einer Ausnahme von der Angebotspflicht infolge Sanierungsbedarfs auseinanderzusetzen. Die Übernahmekommission anerkannte zwar die Sanierungsbedürftigkeit und die Sanierungswürdigkeit. Sie verneinte aber die Subsidiarität, d.h. war der Auffassung, dass es auch andere Möglichkeiten zur sanierenden Refinanzierung gäbe. Konkrete Möglichkeiten zeigte die Übernahmekommission nicht auf. Namentlich war es nicht möglich Drittinvestoren zu finden, weil in der Stahlindustrie hohe Überkapazitäten bestehen und ein *deeply discounted rights offering* war technisch wegen des hohen Nominalwerts der Schmolz+Bickebach AG im Vergleich zum nötigen Ausgabepreis, der einen ausreichenden Discount zum theoretischen ex-rights Preis ergäbe, nicht möglich. Auf Beschwerde hin hob die FINMA die Verfügung der Übernahmekommission mit Verfügung vom 6. Dezember 2019 auf und anerkannte auch die Subsidiarität. Der Fall zeigt exemplarisch, dass im Übernahmerecht nach wie vor grosse Rechtsunsicherheit herrscht, die es in einem solchen Rechtsgebiet nicht geben sollte.

1.2 Praxis der Börse

In einem Entscheid vom August 2019 sanktionierte die Sanktionskommission eine Emittentin, weil sie eine Fernsehjournalistin vorab über eine geplante Fusion informierte. Interessant ist an diesem Fall vor allem, dass dies selbst dann unzulässig wäre, wenn mit der Journalistin und dem Medienhaus überhaupt entsprechende Vertraulichkeitsvereinbarungen abgeschlossen worden wären, weil eine Vorabinformation eines Medienhauses keine Notwendigkeit für das Gelingen einer Fusion ist.

Der andere im 2019 entschiedene Sanktionsentscheid betraf die Darstellung der Geldflussrechnung.

Arbeitsrecht

Peter Reinert*

I. Gesetzgebung

1. Lohngleichheitsanalyse

Am 1. Juli 2020 tritt die Revision des Gleichstellungsgesetzes in Kraft[1], welches Arbeitgeber, die am Anfang eines Jahres mindestens 100 Arbeitnehmer beschäftigen, verpflichtet, für das betreffende Jahr eine betriebsinterne Lohngleichheitsanalyse durchzuführen. Unternehmen, welche am 1. Januar 2020 diesen Schwellenwert erreichen, haben damit spätestens per 30. Juni 2021 eine solche Lohngleichheitsanalyse durchzuführen[2].

2. Stellenmeldepflicht

Am 1. Januar 2020 sinkt der Schwellenwert für meldepflichtige Berufe von einer Stellenlosenquote von 8 % auf 5 %. Die neue Liste der meldepflichtigen Berufsarten für das Jahr 2020 ist auf arbeit.swiss publiziert. Die überarbeitete Liste stützt sich auf die neue Berufsnomenklatur des Bundesamtes für Statistik und dürfte zu einer sinnvolleren Ausgestaltung der Meldepflicht führen. Neu werden offene Stellen für alle Hilfsarbeitskräfte – mit Ausnahme von Reinigungskräften – meldepflichtig sein.[3]

---

* Bearbeitet von Dr. iur. Peter Reinert, LL.M, Rechtsanwalt.

[1] AS 2019 2815.

[2] Art. 10 Verordnung über die Überprüfung der Lohngleichheitsanalyse vom 21. August 2019; AS 2019 2819; vgl. auch Entwicklungen im Schweizerischen Wirtschaftsrecht 2018/9 S. 37.

[3] Zur Meldepflicht allgemein vgl. Entwicklungen im Schweizerischen Wirtschaftsrecht 2018/19, S. 25. Die Stellenmeldepflicht wurde mit COVID-19-Verordnung Stellenmeldepflicht für den Zeitraum vom 26. März 2020 bis 25. September 2020 ausgesetzt.

3. Vaterschafts- und Adoptionsurlaub

Die eidgenössischen Räte haben am 27. September 2019 einen zweiwöchigen Vaterschaftsurlaub beschlossen[4]. Dagegen wurde jedoch das Referendum ergriffen. Noch nicht so weit gediehen ist der Vorstoss für einen Adoptionsurlaub[5]. Beide Vorlagen haben auch Auswirkungen auf das Vertragsrecht. Siehe näheres dazu unten II.

4. Teilflexibilisierung des Arbeitsgesetzes

Die rigiden Arbeitszeitvorschriften sind der Wirtschaft seit längerem ein Dorn im Auge. Mit Hilfe einer parlamentarische Initiative soll nun eine Teilflexibilisierung des Arbeitsgesetzes erreicht werden, welche namentlich die Einführung eines Jahresarbeitszeitmodells auf Gesetzesstufe und die Flexibilisierung der Bestimmungen zur Arbeits- und Ruhezeit im Arbeitsgesetz beinhaltet[6]. Der Bundesrat beantragt jedoch, auf die Gesetzesvorlage nicht einzutreten.

II. Rechtsprechung

1. Abgrenzung des Arbeitsvertrages vom Unterrichtsvertrag

Zuweilen schliessen Parteien einen Ausbildungsvertrag, bei dem die auszubildende Person dem Lehrbetrieb einen Betrag für die Ausbildung zahlt. Ist die Ausbildung dem BBG unterstellt, liegt ein besonderer Arbeitsvertrag, ein Lehrvertrag vor. Andernfalls ist von einem sog. freien Lehrverhältnis auszugehen, auf welches lediglich die obligationenrechtlichen Bestimmungen anwendbar sind. Im Unterschied zum Lehrvertrag ist der Unterrichtsvertrag im Gesetz nicht geregelt. Regelmässig umfasst er die Verpflichtung des Unterrichtsgebers, dem Unterrichtnehmer gegen Zahlung eines Entgelts persönlich oder durch seine Lehrkräfte in Räumlichkeiten, die von ihm zur Verfügung gestellt werden, die vertraglich umschriebenen Kenntnisse und Fähigkeiten zu vermitteln und ihm dauernd oder vorübergehend das Unterrichtsmaterial zu überlassen[7]. In dem

---

[4] BBl 2019 6855.

[5] Parlamentarische Initiative. Einführung einer Adoptionsentschädigung. Bericht der Kommission für soziale Sicherheit und Gesundheit des Nationalrates; BBl 2019 7095 und Gesetzesentwurf in BBl 2019 7113.

[6] BBl 2019 3937 und 5669 (Gesetzesentwurf in BBl 2019 5675) und ergänzende Stellungnahme des Bundesrates in BBl 2019 6553.

[7] BGer 4A_141/2019 vom 26. September 2019.

vom Bundesgericht zu beurteilenden Fall hatte die auszubildende Person keinen Theorieunterricht erhalten. Der seitens der Parteien abgeschlossene "Ausbildungsvertrag" verpflichtete zudem die auszubildende Person, jede Abwesenheit oder Verspätung sofort zu melden, damit die Kunden informiert werden könnten, den Ferienbezug drei Monate im Voraus zu melden und im Sommer höchstens drei Wochen sowie vor Feiertagen keine Ferien zu beziehen. Zudem hatte die auszubildende Person regelmässig und in beachtlichem Umfang Kunden selbständig bedient und während ihrer Präsenzzeit vorwiegend praktische Arbeit verrichtet. Das Bundesgericht kam zutreffend zum Schluss, die betreffende Person sei in den Betrieb integriert gewesen. Entsprechend liege ein Arbeitsverhältnis und kein Ausbildungsvertrag vor, so dass kein Ausbildungsbeitrag, sondern vielmehr seitens des Lehrbetriebes ein Lohn geschuldet war. Nach Art. 320 Abs. 2 OR gilt ein Arbeitsvertrag zwar nur dann als abgeschlossen, wenn der Arbeitgeber Arbeit in seinem Dienst auf Zeit entgegennimmt, deren Leistung nach den Umständen nur gegen Lohn zu erwarten ist, während die Parteien eine Lohnzahlung explizit ausschlossen. Das Bundesgericht hielt allerdings fest, es komme allein auf die objektiven Umstände, nicht auf den Parteiwillen, an. Mit der Vorinstanz hat das Bundesgericht die Unentgeltlichkeitsabrede für unbeachtlich erachtet, weil sich aus dem zwischen den Parteien abgeschlossenen "Ausbildungsvertrag" noch nicht vollständig ersehen liess, dass es tatsächlich um ein Arbeitsverhältnis gehen werde; erst in der gelebten Vertragspraxis habe sich herausgestellt, dass die praktische Arbeit weit stärker im Vordergrund gestanden habe, als die "Auszubildende" bei Vertragsschluss annehmen musste. Dieser Entscheid zeigt auf, dass die Vertragswirklichkeit, die im Zeitpunkt des Vertragsabschlusses allenfalls noch nicht restlos klar war, einen entscheidenden Einfluss auf die rechtliche Qualifikation eines Vertrages haben kann.

2. Kein Arbeitsvertrag mit CEO und 50% Aktionär[8]

Das Bundesgericht bestätigte erneut seine Rechtsprechung, wonach das Vorliegen eines Unterordnungsverhältnisses für das Vorliegen eines Arbeitsvertrages notwendig ist. Entsprechend verneinte es einen Arbeitsvertrag mit einem CEO, der als Gesellschaftsgründer weiterhin 50 % der Aktien an seiner vermeintlichen Arbeitgeberin besass. Der zweite Aktionär und Hauptinvestor habe ihm keine Weisungen erteilen können. Vielmehr hätten die wichtigsten Entscheide der Zustimmung des CEO selbst bedurft. Bei Aktionären, die gleichzeitig für die Gesellschaft tätig werden, ist daher besonders kritisch zu prüfen, ob ein Unterordnungsverhältnis und damit tatsächlich ein Arbeitsverhältnis vorliegt.

---

[8] BGer 4A_500/2018 vom 11. April 2019.

3. Keine Pflicht zur Anzeige der Schwangerschaft

Eine Arbeitnehmerin trifft grundsätzlich weder bei der Einstellung noch während der Probezeit eine Pflicht, ihre Schwangerschaft anzuzeigen. Die Berufung auf die Nichtigkeit einer nach Ablauf der Probezeit ausgesprochenen Kündigung ist damit nicht rechtsmissbräuchlich[9].

4. Lohnzahlung in Euro

Die Vereinbarung eines Lohns in einer anderen Währung ist zulässig. Umstritten ist jedoch die Frage, ob es zulässig sei, mit in der EU wohnhaften Personen einen (infolge der tieferen Lebenshaltungskosten tieferen) Lohn in Euro und mit in der Schweiz wohnhaften Personen einen (höheren) Lohn in Schweizer Franken zu vereinbaren oder ob darin eine gegen das Freizügigkeitsabkommen verstossende indirekte Diskriminierung von EU-Bürgern liege. Das Bundesgericht[10] hat die Frage, ob das im Freizügigkeitsabkommen statuierte Diskriminierungsverbot auch auf Private Anwendung finde, offen gelassen. Es erachtete Klagen von Arbeitnehmern, die einer Lohnzahlung in Euros (und damit verbundenen Lohnreduktion) zugestimmt hatten, als rechtsmissbräuchlich, zumal sie ihre Zustimmung im Wissen darum erteilten, dass die Eurokrise die Arbeitgeberin in eine prekäre finanzielle Lage gebracht hatte. Die mit der Lohnzahlung in Euro verbundene Lohnkürzung wurde nicht etwa vorgeschlagen, damit die Arbeitgeberin zum Nachteil der Arbeitnehmer davon profitieren konnte, sondern weil Arbeitsplätze aufgrund der aussergewöhnlichen Währungsverschiebungen akut gefährdet waren.

5. Einbezug der Kommissionen in den Ferienlohn[11]

Während der Ferien hat die Arbeitgeberin dem Arbeitnehmer den vollen Lohn zu bezahlen und so zu stellen, wie wenn er gearbeitet hätte. Ob und in welchem Umfang dem Arbeitnehmer auch Kommissionen gutzuschreiben sind, ist jedoch oftmals umstritten. Hinsichtlich der Berechnung hat das Bundesgericht festgehalten, dass primär auf die pauschale Berechnungsmethode, welche die durchschnittlich erreichten Kommissionen als Berechnungsbasis heranziehen, abzustellen sei. Einzig dann, wenn die konkreten Umstände klar erscheinen lassen, dass dies zu einem unrealistischen Ferienlohn führe, könne auf die individuelle Berechnungsmethode abgestellt werden, bei der auf die mutmasslichen Kom-

---

[9] BGer 4A_594/2018 vom 6. Mai 2019 E. 5.
[10] BGer 4A_215/2017 und BGer 4A_230/2018 vom 15. Januar 2019.
[11] BGer 4A_225/2018 vom 6. Juni 2019.

missionen abgestellt wird, die der Mitarbeiter erhalten hätte, wenn er gearbeitet hätte. Immerhin ist die Arbeitgeberin in besonders gelagerten Fällen davon entbunden, Kommissionen während der Ferien zu bezahlen. Dies ist dann der Fall, wenn der Verlust von Kommissionen während der Arbeitszeit kompensiert werden kann oder wo die Kommissionen auf den während des gesamten Jahres abgeschlossenen Verträgen ausgerichtet wird und die Arbeitgeberin monatliche Vorschüsse bezahlt, die am Ende des Jahres dann abgerechnet werden.

Die bundesgerichtliche Rechtsprechung überzeugt nicht restlos. Eine Arbeitgeberin ist aber dann, wenn nicht feststeht, dass die Ferienabwesenheit keinerlei Einfluss auf die kommissionsberechtigten Abschlüsse hatte, gut beraten, wenn sie Kommissionen nicht auf den einzelnen Abschlüssen, sondern den im Verlaufe des Jahres getätigten Verkäufen ausrichtet und entsprechende Vorschüsse ausrichtet.

6. Entschädigung für Home Office

In der Praxis stellt sich immer wieder die Frage, ob und in welchem Umfang die Arbeitgeberin den Arbeitnehmern Kosten für Auslagen zu ersetzen habe, welche die Arbeitnehmer privat ohnehin hätten, von denen die Arbeitgeberin jedoch ebenfalls profitiert. Zu denken ist hier etwa an ein vom Arbeitnehmer zu privaten Zwecken erworbenes Mobiltelefon oder Generalabonnement. Das Bundesgericht hat nun eine gewisse Klärung herbeigeführt: Es hat bei einem Arbeitnehmer, der von zuhause aus arbeitete, weil ihm seine Arbeitgeberin keinen Arbeitsplatz zur Verfügung stellte, einen Anspruch auf Kostenersatz für die Benutzung seiner Wohnung bejaht, obwohl der Arbeitnehmer seine bereits zuvor privat gemietete Wohnung benutzte.[12] Die Arbeitsinfrastruktur zu Hause war für die Berufsausübung notwendig und nach Art. 327a OR erstattungspflichtig. Schwierig kann die Festlegung der Höhe der zu ersetzenden Kosten sein. Gemäss Bundesgericht darf vom Arbeitnehmer mit Bezug auf die Höhe der Auslagen kein strenger Beweis verlangt werden und effektiv gehabte Auslagen, die ziffernmässig nicht mehr beweisbar sind, sind vom Richter zu schätzen.

7. Bonus

Im Berichtsjahr hat das Bundesgericht seine ohnehin schon komplexe Bonusrechtsprechung noch etwas konkretisiert, ohne dadurch dem Praktiker wirklich hilfreiche Leitlinien zu geben. Eindeutig ist der Fall, in dem der vereinbarte Bonus bestimmt oder aufgrund bestimmter Kriterien bestimmbar ist. Hier liegt

---

[12] BGer 4A_533/2018 vom 23. April 2019 E. 6.

ein Lohnbestandteil vor. Nach bundesgerichtlicher Rechtsprechung kann aber auch ein ermessensabhängiger Bonus noch als Lohnbestandteil qualifiziert werden. Dies ist dann der Fall, wenn er nicht mehr als akzessorisch betrachtet werden kann, da der Arbeitgeber die eigentliche Vergütung nicht in Form einer freiwilligen Gratifikation ausrichten dürfe. Grund dafür ist gemäss Bundesgericht nicht bloss der Sozialschutz, sondern auch der Vertrauensschutz: Der Arbeitgeber soll nicht seiner Pflicht zur Lohnzahlung dadurch entgehen, dass er freiwillige Leistungen in erheblichem Ausmass ausrichten, die er jederzeit widerrufen kann und der Arbeitnehmer sei in seinem Vertrauen zu schützen, wenn er regelmässig zusätzlich zu seinem Lohn einen Bonus erhalte[13]. Die Akzessorietät ist jedoch bei sehr hohen Gesamteinkommen unerheblich. Dabei setzt das Bundesgericht die Grenze bei fünf Schweizer Medianlöhnen (gegenwärtig rund CHF 400'000) an. Bei niedrigen Gesamteinkommen (bis zum einfachen Medianlohn) kann bereits ein im Verhältnis zum Lohn geringer Bonus den Charakter eines variablen Lohnbestandteils haben, da bei niedrigen Einkommen ein kleiner Einkommensunterschied mehr Bedeutung hat als bei einem hohen Einkommen. Relativ klar war der Fall aufgrund der bisherigen Rechtsprechung scheinbar auch bei den mittleren und höheren Gesamteinkommen (zwischen einem und fünf Medianlöhnen). Hier schien der Bonus nur dann nicht akzessorisch zu sein, wenn der Bonus zumindest gleich hoch wie der Fixlohn war. Das Bundesgericht hielt nun aber fest, seine frühere Aussage könne nicht dahingehend verstanden werden. Vielmehr komme es auch bei einem Bonus, der tiefer sei als der Grundlohn, auf die Umstände des Einzelfalls ab[14]. Weiter modifizierte das Bundesgericht auch seine frühere Rechtsprechung, wonach sämtliche Einkünfte bzw. Vergütungen zu berücksichtigen seien. Dies betreffe nur die Entschädigung für die Arbeit, die in einem bestimmten Jahr ausbezahlt werde, nicht aber eine Abgangsentschädigung, welche künftige Nachteile aus dem Verlust der Arbeitsstelle abfedern solle[15]. Weiterhin schwierig zu beurteilen ist die Frage, auf welchen Zeitraum für die Beurteilung der Akzessorietät abzustellen ist. Das Bundesgericht stellt zwar grundsätzlich auf das in Frage stehende Jahr ab, verlangt aber gleichzeitig, dass die im betreffenden Jahr ausbezahlte Entschädigung repräsentativ gewesen sei. Dies erfordere einen Vergleich mit den Entschädigungen der vergangenen Jahre.

---

[13] BGer 4A_155/2019 vom 18. Dezember 2019 E. 6.3.
[14] BGer 4A_155/2019 vom 18. Dezember 2019 E. 6.1.
[15] BGer 4A_155/2019 vom 18. Dezember 2019 E. 5.5.

8. Zulässigkeit des Abzugs sämtlicher Sozialversicherungsbeiträge bei der Bonusberechnung

Eine Vereinbarung, wonach die Arbeitgeberbeiträge an die Sozialversicherungen von der Arbeitnehmerin zu tragen sind, ist nichtig. Zulässig ist dagegen eine Vereinbarung, wonach die Mitarbeiterin einen variablen Gewinnanteil erhält, der einem bestimmten Prozentsatz der seitens der Mitarbeiterin erzielten Umsätze entspricht und vorsieht, dass davon sämtliche Lohnkosten der Mitarbeiterin, einschliesslich der Arbeitgeberbeiträge an die Sozialversicherungen und die Pensionskasse in Abzug gebracht werden, wobei bei einem negativen Resultat keine Reduktion des Fixgehalts erfolgt, sondern schlicht keine Gewinnbeteiligung ausgerichtet wird[16]. Hier erfolgt der Abzug der Arbeitgeberbeiträge rein mathematisch, um den Gewinnanteil zu berechnen, während die Sozialversicherungsbeiträge effektiv seitens der Arbeitgeberin bezahlt werden.

9. Grenzen des Gleichbehandlungsgebotes

Ob das schweizerische Arbeitsrecht ein Gleichbehandlungsgebot statuiert, ist umstritten. Nach korrekter Auffassung besteht lediglich ein Diskriminierungsverbot. Das Bundesgericht musste diese Frage nicht beantworten, hielt aber immerhin fest, dass ein Arbeitgeber, der vertraglich die Ausrichtung einer Abgangsentschädigung, nicht aber deren Höhe zusicherte, nicht unzulässig handelt, wenn er angesichts der geänderten Umstände und seiner wirtschaftlichen Situation eine tiefere Abfindung zahlt als er dies 10 Jahre zuvor anderen Mitarbeitenden tat[17].

10. Verwirkung von Kommissionsansprüchen

In der Lehre ist umstritten, ob ein Arbeitnehmer eine Kommissionsabrechnung stillschweigend akzeptiert, wenn er nicht innerhalb einer angemessenen Frist Einsprache erhebt. Das Bundesgericht hielt dazu fest, eine stillschweigende Zustimmung können nur dann bejaht werden, wenn vom Mitarbeiter nach Treu und Glauben eine Reaktion zu erwarten sei. Der blosse Zeitablauf führe dagegen nicht zum Verlust des Rechts, die Abrechnung zu beanstanden und die Kommissionen zu verlangen[18]. Wird das Geschäft vom Arbeitgeber ohne sein Verschulden nicht ausgeführt oder erfüllt der Dritte seine Verbindlichkeiten nicht, fällt der Kommissionsanspruch nachträglich dahin. Damit der Kommissionsanspruch

---

[16] BGer 4A_498/2018 vom 11. April 2019 E. 4.
[17] BGer 4A_242/2018 vom 13. März 2019 E. 4.1.2.
[18] BGer 4A_367/2018 vom 27. Februar 2019 E. 3.5.3.

erlischt, muss der Arbeitgeber jedoch alle von ihm vernünftigerweise zu erwartenden Massnahmen getroffen haben, was auch die gerichtliche Durchsetzung oder Betreibung einschliessen kann. Der Mitarbeiter, welcher die Kommissionsabrechnungen und die darin vorgesehenen Abzüge während Jahren nach monatlichen Treffen, die im besten gegenseitigen Einvernehmen stattfanden, unterschrieb, hat diese genehmigt. Der Arbeitgeber durfte in gutem Glauben davon ausgehen, dass der Mitarbeiter die Kommissionen und die entsprechenden Abzüge genehmigte.[19]

11. Verwirkung eines Überzeitanspruches

Überzeit, also über die gesetzliche Höchstarbeitszeit hinausgehende Arbeitszeit, ist grundsätzlich zu einem Satz von 125% zu entschädigen. Ein Verzicht auf eine solche Entschädigung ist - mit Ausnahme der ersten 60 Überzeitstunden pro Kalenderjahr für bestimmte Mitarbeiterkategorien - unzulässig. Immerhin kann im Einverständnis mit dem Arbeitnehmer eine Kompensation durch Freizeit erfolgen. Eine solche Vereinbarung ist an keine bestimmte Form gebunden.[20] Da der Arbeitgeber eine Überzeitentschädigung durch Gewährung kompensierender Freizeit oder durch Ergreifung organisatorischer Massnahmen verhindern kann, verliert der Arbeitnehmer seinen Anspruch auf Überzeitentschädigung - wie auch auf Überstundenentschädigung - dann, wenn er den Arbeitgeber nicht über die Überzeit informiert und dieser auch nicht wissen muss, dass der Arbeitnehmer Überzeit leistete. Weiss der Arbeitgeber zwar, dass der Arbeitnehmer Überstunden leistet, allerdings nicht, in welchem Umfang, kann der Arbeitnehmer länger mit der Geltendmachung zuwarten, bis er weiss, in welchem Umfang er für die Erledigung seiner Arbeiten mehr Zeit benötigt. Ein Zuwarten während sieben Jahren ist jedoch zu lang und führt zur Verwirkung des Anspruchs[21].

12. Gültigkeit Kettenarbeitsvertrag

Kettenarbeitsverträge sind unzulässig, wenn sie sich nicht durch objektive Gründe rechtfertigen lassen und letztlich das Ziel haben, den Kündigungsschutz auszuschliessen oder die Entstehung von Rechtsansprüchen, die von einer gewissen Mindestanstellung abhängen, zu verhindern. In früheren Entscheiden hat das Bundesgericht beim Engagement von Sportlern und Künstlern sowie Lehrpersonen für ein Semester objektive Gründe bejaht. Das Bundesgericht[22] stellte

---

[19] BGer 4A_367/2018 vom 27. Februar 2019 E. 4.4 und 4.5.
[20] BGer 4A_403/2018 vom 11. März 2019 E. 4.3.2.
[21] BGer 4A_184/2018 vom 28. Februar 2019 E. 2.2.
[22] BGer 4A_215/2019 vom 7. Oktober 2019 E. 3.

aber klar, dass sich ein Lehrer, der während 14 Jahren im wesentlich dieselben Kurse zu vergleichbaren Bedingungen unterrichtete, faktisch in einem unbefristeten Arbeitsverhältnis befand und kein objektiver Grund für eine befristete Anstellung für ein weiteres Semester bestand.

13. Missbräuchlichkeit einer Kündigung infolge individueller Charakterzüge?

Das Bundesgericht lässt die Frage, ob eine Kündigung infolge individueller Charakterzüge und Verhaltensmuster eines Arbeitnehmers missbräuchlich ist, weiterhin offen, da die Kündigung wegen einer persönlichen Eigenschaft des Arbeitnehmers zulässig ist, wenn diese in einem Zusammenhang mit dem Arbeitsverhältnis steht oder die Zusammenarbeit im Betrieb wesentlich beeinträchtigt. Allerdings verlangt das Bundesgericht, dass der Arbeitgeber zuvor die zumutbaren Massnahmen ergriffen hat, um die Lage zu entspannen. Ergreift der Arbeitgeber die zumutbaren Massnahmen nicht, verstösst er gegen seine Fürsorgepflicht, so dass die Kündigung missbräuchlich ist[23]. Im konkreten Fall war die Kündigung ausgesprochen worden, weil der Arbeitnehmer die Arbeitgeberin während Jahren mit seiner EMF-(Elektromagnetische Felder)-Symptomatik beschäftigte und auf betriebliche Anpassungen insistierte. Dieser war die andauernde Auseinandersetzung mit dem Arbeitnehmer betreffend seiner EMF-Problematik nicht mehr länger zumutbar. Da sie zudem die einzige konkret verlangte Massnahme - die Reichweitenreduktion des WLAN - im Rahmen des Möglichen realisiert hatte, lag keine missbräuchliche Kündigung vor.

14. Kündigung auf zu frühen Termin als fristlose Kündigung

Kündigt eine Partei ein Arbeitsverhältnis mit einer vereinbarten Mindestvertragsdauer auf einen zu frühen Termin, liegt nach Ansicht des Bundesgerichts eine fristlose Kündigung vor[24]. Dass eine Kündigungsfrist eingehalten wurde und nicht mit sofortiger Wirkung gekündigt worden sei, ändere daran nichts. Anders wäre der Fall immerhin da, wo die Partei auf den nächsten ordentlichen Termin hin kündigen möchte, fälschlicherweise aber von einer zu kurzen Kündigungsfrist ausgeht.

Liegt kein wichtiger Grund für eine fristlose Kündigung vor, ist nebst Lohnersatz namentlich auch eine Strafzahlung zu leisten. Das Bundesgericht hielt fest, diese habe dieselbe rechtliche Natur wie die Strafzahlung, die im Falle einer

---

[23] BGer 4A_13/2019 vom 9. August 2019 E. 7.1.
[24] BGer .4A_395/2018 vom 10. Dezember 2019 E. 4.1.

missbräuchlichen Kündigung geschuldet sei, weshalb sie einer Partei zuzusprechen sei, obwohl diese eine Entschädigung wegen missbräuchlicher Kündigung verlange[25].

Sind die Vorwürfe gegenüber der anderen Partei, welche eine fristlose Kündigung rechtfertigen, klar, müssen aber noch durch weitere Abklärungen verifiziert werden, ist die fristlose Kündigung auszusprechen, sobald der Sachverhalt erstellt ist. Eine weitere Bedenkfrist ist ausgeschlossen, da die kündigende Partei bereits während der Abklärungen ihre Handlung für den Fall, dass sich der Verdacht erhärtet, festlegen kann[26].

15. Gültigkeit des nachvertraglichen Konkurrenzverbotes[27]

Nebst diversen materiellen Voraussetzungen, die ein nachvertragliches Konkurrenzverbot zu seiner Gültigkeit erfüllen muss, bedarf es in formeller Voraussetzungen der Schriftform. Erforderlich ist somit die Unterzeichnung durch den Arbeitnehmer. Da das Gesetz verlangt, dass das Konkurrenzverbot nach Ort, Zeit und Gegenstand angemessen zu beschränken ist, erachtet ein Teil der Lehre eine Vertragsklausel, die jede konkurrenzierende Tätigkeit verbietet, als ungenügend bestimmt und damit formungültig. Das Bundesgericht hielt dazu fest, ein Konkurrenzverbot, dessen zeitlicher, örtlicher und gegenständlicher Umfang weder tatsächlich bestimmt ist noch durch Auslegung nach dem Vertrauensprinzip ermittelt werden kann, entfalte - ebenso wie ein gesamtheitlich unbegrenztes Verbot - von vornherein keine Wirkung, da die vom Verbot belastete Arbeitnehmerin das Ausmass der Einschränkung ihrer beruflichen Entfaltungsmöglichkeiten erkennen können muss. Wird aber jede konkurrenzierende Tätigkeit verboten, ist dessen Umfang genügend bestimmt, da das Verbot nicht über den effektiven Geschäftsbereich der Arbeitgeberin hinausgehen könne.

Die Arbeitgeberin ist damit gehalten, Ort, Zeit und Gegenstand der verbotenen Tätigkeit so festzuhalten, dass sich das Ausmass des Verbotes feststellen lässt. Da den künftigen Änderungen der Geschäftstätigkeit der Arbeitgeberin Rechnung zu tragen ist, empfiehlt es sich, jede die Arbeitgeberin konkurrenzierende Tätigkeit zu verbieten und dieses Verbot mit einer nicht abschliessenden Aufzählung zu ergänzen. Der zeitliche Geltungsbereich sollte klar festgehalten werden, der räumliche Umfang sich zumindest feststellen lassen, indem das Verbot

---

[25] BGer 4A_395/2018 vom 10. Dezember 2019 E. 5.2.2.
[26] BGer 4A_610/2018 vom 29. August 2019 E. 4.2.2.1.
[27] BGE 145 III 365.

etwa auf die Gebiete beschränkt wird, in denen die Mitarbeiterin für die Arbeitgeberin tätig war.

Eine weitere Voraussetzung eines Konkurrenzverbotes besteht darin, dass der Arbeitnehmer die Arbeitgeberin aufgrund des Einblicks in deren Kundenkreis bzw. in Fabrikations- und Geschäftsgeheimnisse erheblich schädigen kann. Daran fehlt es, wenn persönliche Eigenschaften des Mitarbeiters massgebend dafür sind, dass die Kunden ihm folgen. Solche Eigenschaften bejahte das Bundesgericht im Fall eines Vermögensverwalters einer Bank[28]. Ausschlaggebend dafür war nicht zuletzt auch die Zeugenaussage eines Kunden, welcher die Arbeitgeberin verliess, was zeigt, dass die Durchsetzung von Konkurrenzverboten oftmals ein dorniger Weg sein kann.

16. Sexuelle Belästigung muss keinen sexuellen Bezug aufweisen

Eine sexuelle Belästigung kann auch vorliegen, wenn das Verhalten des belästigenden Vorgesetzten keine direkte sexuelle Konnotation hat. Im Fall, in dem der Vorgesetzte eine Mitarbeiterin weiterhin bat, mit ihm ein Verhältnis einzugehen, obwohl sie dies mehrmals eindeutig abgelehnt hatte, wurde dies zu Recht bejaht[29]. Dies ist bedeutsam, weil bei einer Diskriminierung durch sexuelle Belästigung dem Opfer eine Entschädigung zugesprochen werden kann, wenn die Arbeitgeberin nicht beweist, dass sie die zur Verhinderung sexueller Belästigungen nach der Erfahrung notwendigen und angemessenen Massnahmen getroffen hat, die ihr billigerweise zugemutet werden können.

17. Diskriminierung aufgrund von Homosexualität stellt keine Geschlechterdiskriminierung dar[30]

Das Bundesgericht hat die umstrittene Frage, ob eine Diskriminierung aufgrund der sexuellen Einstellung eines Mitarbeiters eine Geschlechterdiskriminierung darstelle, verneint. Dies ist im privatrechtlichen Arbeitsverhältnis namentlich deshalb relevant, weil Art. 6 GlG eine Diskriminierung bei blosser Glaubhaftmachung vermutet, es also zu einer Beweislasterleichterung kommt. Eine Geschlechterdiskriminierung würde aber weiterhin vorliegen, wenn eine Arbeitgeberin homosexuelle Frauen anders behandeln würde als homosexuelle Männer.

---

[28] BGer 4A_116/2018 vom 28. März 2019 E. 4.
[29] BGer 4A_544/2018 vom 29. August 2019.
[30] BGE 145 II 153.

18. Betriebsübergang trotz neuen Betriebskonzepts[31]

Bei einem Betriebsübergang gehen die Arbeitsverhältnisse von Gesetzes wegen auf den Erwerber über, sofern der Mitarbeiter den Übergang nicht ablehnt. Ob ein Betriebsübergang vorliegt, bestimmt sich danach, ob der Betrieb seine Identität beibehält, also seine Organisation und seinen Zweck bewahrt. Das Bundesgericht hat einen Betriebsübergang in einem Fall bejaht, in dem eine brasilianische Bar vom Übernehmer des Mietvertrages, des Mobiliars und der Kundschaft in eine Tapasbar umfunktioniert wurde. Der Umstand, dass das Lokal renoviert worden war, über Mittag ebenfalls geöffnet und den Schwerpunkt der Bar statt auf Drinks auf Wein legte, vermochte ihr nach Auffassung der Vorinstanz, der sich das Bundesgericht anschloss, den Charakter einer Bar nicht zu nehmen.

19. Bewilligung von Arbeit an Feiertagen

Die Anforderungen an die Zulässigkeit der Arbeit an Feiertagen, die vom kantonalen Recht Sonntagen gleichgestellt wurden, sind nicht tiefer als bei der Arbeit an Sonntagen. Dies gilt selbst dann, wenn der Feiertag auf einen Samstag im Advent fällt[32].

20. Normalarbeitsvertrag

Beim Erlass eines Normalarbeitsvertrages für den Detailhandel im Kanton Genf hat die zuständige kantonale Behörde den ihr seitens der tripartiten Kommission vorgeschlagenen Mindestlohn nicht einfach nur übernommen, sondern zugleich mit einer Indexierung von 1,7 % versehen. Das Bundesgericht hatte über deren Zulässigkeit sowie das Recht der kantonalen Behörde, von den Vorschlägen der tripartiten Kommission abzuweichen, zu befinden. Das Bundesgericht[33] hielt zunächst fest, dass ein Mindestlohn nur auf Antrag der tripartiten Kommission festgelegt werden könne. Im konkreten Fall habe die tripartite Kommission eine Indexierung der Mindestlöhne an den Konsumentenpreisindex zwar nicht vorgeschrieben, diese aber auch nicht verboten. Da bereits in früheren Normalarbeitsverträgen, aber auch im zuvor geltenden Gesamtarbeitsvertrag die Mindestlöhne jeweils indexiert waren, habe die zuständige Behörde diese Praxis nur weitergeführt. Da die tripartite Kommission zudem einen Normalarbeitsvertrag für ganze drei Jahre vorgesehen habe, wäre ein Verzicht auf eine Indexierung sehr ungewöhnlich gewesen. Aus diesem Grund erachtete das Bundesgericht die Indexie-

---

[31] BGer 4A_350/2018 vom 25. Oktober 2018.
[32] BGE 145 II 360.
[33] BGE 145 III 286.

rung als zulässig, zumal die Sozialpartner sowie das kantonale Arbeitsamt vorgängig dazu angehört worden waren.

Sozialversicherungsrecht

Philippe Monnier, Martina Patricia Steiner[*]

I. Neue Entwicklungen

1. AHV/IV/EL: Erhöhung der Beiträge

Mit der Annahme des Bundesgesetzes über die Steuerreform und die AHV-Finanzierung (STAF) in der Volksabstimmung vom 19. Mai 2019 wurde der Bundesrat beauftragt, den AHV-Beitragssatz um 0,3 Prozentpunkte anzuheben. Der Bundesrat hat beschlossen, diese Änderung per 1. Januar 2020 in Kraft zu setzen. Ab dem 1. Januar 2020 stieg der AHV/IV/EO-Beitrag für Arbeitnehmende und Arbeitgeber von 10,25 % auf 10,55 % (von 5,125 % auf 5,275 % für beide). Die Mindestbeiträge der Selbstständigerwerbenden für AHV/IV/EO wurden von 5,196 % auf 5,344 % und der maximale Beitrag für AHV/IV/EO von 9,65 % auf 9,95 % erhöht. Für Erwerbstätige, die der freiwilligen Versicherung angeschlossen sind, hat sich der AHV/IV-Beitragssatz von 9,8 % auf 10,1 % erhöht.

Der AHV/IV/EO-Mindestbeitrag für Nichterwerbstätige wurde von CHF 482 auf CHF 496 und der AHV/IV/EO-Höchstbeitrag von CHF 24'100 auf CHF 24'800 angehoben. In der freiwilligen AHV/IV wurde der AHV/IV-Mindestbeitrag von CHF 922 auf CHF 950 und der AHV/IV-Höchstbeitrag von CHF 23'050 auf CHF 23'750 erhöht.

2. Berufliche Vorsorge

2.1 Mindestzinssatz bleibt unverändert bei 1 %

Der Mindestzinssatz in der obligatorischen beruflichen Vorsorge (BVG) bleibt 2020 unverändert bei 1 %.

---

[*] Bearbeitet von Dr. Philippe Monnier, Rechtsanwalt, und Dr. Martina Patricia Steiner, Rechtsanwältin und Mediatorin.

2.2 Anpassung der BVG-Hinterlassenen- und Invalidenrenten an die Preisentwicklung

Per 1. Januar 2020 wurden verschiedene Hinterlassenen- und Invalidenrenten der obligatorischen zweiten Säule erstmals an die Preisentwicklung angepasst. Für die Renten, die 2016 zum ersten Mal ausgerichtet wurden, beträgt der Anpassungssatz 1,8 %. Die Renten der Jahre 2010, 2013 und 2014 wurden um 0,1 % angepasst.

3. Krankenversicherung

3.1 Mittlere Prämie steigt um 0,2 %

Die mittlere Prämie der obligatorischen Krankenpflegeversicherung steigt 2020 um 0,2 Prozentpunkte auf CHF 315,14.

3.2 Revidiertes Heilmittelgesetz in Kraft getreten

Im Heilmittelbereich gelten seit dem 1. Januar 2020 neue Regeln für die Integrität und Transparenz. Bei verschreibungspflichtigen Arzneimitteln werden geldwerte Vorteile untersagt, wenn sie die Wahl der Behandlung beeinflussen können. Ausserdem müssen Preisrabatte und Rückvergütungen beim Heilmitteleinkauf künftig gegenüber den Behörden transparent gemacht werden. Dem Bundesrat wurde die Kompetenz eingeräumt, das Verbot von geldwerten Vorteilen auch auf Medizinprodukte auszudehnen. Hiervon hat er allerdings keinen Gebrauch gemacht. In der Folge hat das Parlament im März 2019 beschlossen, die Integritätsbestimmung auf "Vorteile mit einem Bezug zur Verschreibung, Abgabe und Anwendung von Medizinprodukten" auszuweiten. Die revidierte Bestimmung dürfte nicht vor 2022 in Kraft treten.

3.3 Pflegebeitrag

Der Beitrag der Krankenversicherer an die Pflegeleistungen wurde ab dem 1. Januar 2020 um jährlich CHF 83 Millionen erhöht. Zudem hat das Eidgenössische Departement des Innern (EDI) entschieden, dass Pflegefachpersonen mehr Kompetenzen bei der Ermittlung des Pflegebedarfs der Patientinnen und Patienten erhalten. Die Entscheide des EDI führten zu Anpassungen in der Krankenpflege-Leistungsverordnung (KLV), die am 1. Januar 2020 in Kraft traten.

4. Observation von Versicherten

Nachdem die Stimmberechtigten am 25. November 2018 die Observationsartikel im Bundesgesetz über den Allgemeinen Teil des Sozialversicherungsrechts (ATSG) gutgeheissen haben, sind am 1. Oktober 2019 die entsprechenden Gesetzes- und Verordnungsgrundlagen für die Überwachung von Versicherten in Kraft getreten. Seit diesem Datum können die Sozialversicherungen in begründeten Fällen wieder Observationen durchführen.

5. Internationales

5.1 Sozialversicherungsabkommen mit Kosovo in Kraft getreten

Das Sozialversicherungsabkommen mit Kosovo ist am 1. September 2019 in Kraft getreten. Es koordiniert die Sozialversicherungssysteme der beiden Vertragsstaaten in den Bereichen Alter, Hinterlassene und Invalidität und regelt insbesondere die Auszahlung von Renten ins Ausland.

5.2 Sozialversicherungsabkommen mit Brasilien in Kraft getreten

Das Sozialversicherungsabkommen zwischen der Schweiz und Brasilien ist am 1. Oktober 2019 in Kraft getreten. Es koordiniert die Sozialversicherungssysteme der beiden Vertragsstaaten in den Bereichen Alter, Hinterlassene und Invalidität und regelt insbesondere die Auszahlung von Renten ins Ausland.

5.3 Sozialversicherungsabkommen mit Tunesien unterzeichnet

Die Schweiz hat am 25. März 2019 mit Tunesien ein Abkommen zur sozialen Sicherheit unterzeichnet. Das Abkommen tritt in Kraft, sobald es die Parlamente beider Staaten genehmigt haben.

5.4 Brexit: Abkommen zum Erhalt der sozialen Sicherheit unterzeichnet

Am 31. Oktober 2019 hat die Schweiz mit dem Vereinigten Königreich ein Abkommen zur Koordinierung der Sozialversicherungen nach dem Brexit unterzeichnet. Es ist vorgesehen für den Fall, dass das Vereinigte Königreich die EU ohne Austrittsvereinbarung verlässt. Das Abkommen soll sicherstellen, dass die Regeln des Abkommens über die Personenfreizügigkeit betreffend die soziale Sicherheit zwischen der Schweiz und dem Vereinigten Königreich vorübergehend ihre Gültigkeit bewahren.

6. Ausblick

6.1 Reform der EL

Nachdem das Parlament am 22. März 2019 die EL-Reform verabschiedet hat, muss die Verordnung über die Ergänzungsleistungen zur Alters-, Hinterlassenen- und Invalidenversicherung (ELV) an die Gesetzesrevision angepasst werden. Der Bundesrat hat an seiner Sitzung vom 29. Mai 2019 eine entsprechende Verordnungsänderung in die Vernehmlassung geschickt. Die EL-Reform tritt voraussichtlich 2021 in Kraft.

6.2 Modernisierung der Aufsicht in der 1. Säule und Optimierung in der 2. Säule

Der Bundesrat hat am 20. November 2019 eine Botschaft zur Änderung des AHVG verabschiedet. Mit der vorgeschlagenen Änderung soll die Aufsicht über die AHV, die Ergänzungsleistungen (EL), die Erwerbsersatzordnung (EO) und die Familienzulagen in der Landwirtschaft modernisiert werden. In der Vorlage sind auch punktuelle Optimierungen in der 2. Säule enthalten.

6.3 Stabilisierung der AHV (AHV 21)

Der Bundesrat hat am 28. August 2019 eine Botschaft zur Stabilisierung der AHV (AHV 21) verabschiedet. Mit der Reform soll das Niveau der Renten gehalten und die Finanzierung der AHV bis 2030 gesichert werden.

6.4 Überbrückungsleistungen für ältere Arbeitslose

Der Bundesrat hat am 30. Oktober 2019 die Botschaft und den Entwurf für ein neues Bundesgesetz über Überbrückungsleistungen für ältere Arbeitslose verabschiedet.

II. Rechtsprechung

1. Alters- und Hinterlassenenversicherung

In BGE 145 V 50 bestätigte das Bundesgericht seine frühere Rechtsprechung, wonach bei der Abgrenzung zwischen Lohn und Dividende von der Aufteilung, welche die Gesellschaft gewählt hat, nur dann abzuweichen ist bzw. ausgeschüttete Dividenden (teilweise) als beitragspflichtiges Einkommen aufzurechnen sind, wenn zwischen Arbeitsleistung und Lohn sowie eingesetztem Vermögen und Dividende ein offensichtliches Missverhältnis besteht.

Das Bundesgericht erwog, dass keine sachlichen Gründe zur Abkehr vom – im Einzelfall zu prüfenden – Erfordernis des kumulativen Missverhältnisses bestehen und sprach sich klar gegen die von der Ausgleichskasse und dem BSV beantragte Änderung der Rechtsprechung aus, welche Dividenden über 10 % des Unternehmenssteuerwertes generell als massgebenden Lohn der Beitragspflicht unterwerfen wollten.

Bei der Beurteilung, ob Zuwendungen wie Dividenden, die nicht durch das Arbeitsverhältnis gerechtfertigt werden und damit nicht zum massgebenden Lohn zählen, gleichwohl als (partiell) beitragsrechtlich relevant aufzurechnen sind, ist daher weiterhin der konkrete Einzelfall zu würdigen und auf einen Drittvergleich abzustellen, der alle objektiven und subjektiven Faktoren berücksichtigt, die bei der Entlöhnung beachtet werden. Mitbestimmend sind ferner Grösse, Umsatz und Kapital- sowie Gewinnverhältnisse des Unternehmens.

2. Arbeitslosenversicherung

2.1 *Aufschub des Anspruches auf Arbeitslosengelder wegen hoher Abgangsentschädigung*

In BGE 145 V 188 befasste sich das Bundesgericht mit der Frage, ob die Arbeitslosenkasse berechtigt war, den Beginn des Anspruches auf Arbeitslosengelder um 28 Monate und vier Tage aufzuschieben, indem es die Abgangsentschädigung des Beschwerdeführers als freiwillige Leistung des Arbeitgebers im Sinne von Art. 11a AVIG qualifizierte.

Das Arbeitsverhältnis des Beschwerdeführers war Mitte 2015 in gegenseitigem Einvernehmen aufgelöst worden und er erhielt zum Ausgleich aller Ansprüche eine Entschädigung von total CHF 1'490'000. Für die Zeit ab Dezember 2015 beantragte der Beschwerdeführer Taggelder. Diese wurden ihm bis März 2018 mit dem Argument verwehrt, dass die Abgangsentschädigung seinen Verdienstausfall decke.

Das Bundesgericht schützte diese Ansicht und erwog, dass die in der Abgangsentschädigung enthaltene Mitarbeiterbeteiligung in Form von "restricted stock units" und "stock options" von den Vorinstanzen zu Recht als Gratifikationen und nicht als Lohnelement eingeordnet worden seien. Es mass der Tatsache, dass die fraglichen Entschädigungen auf einer den Arbeitgeber zivilrechtlich verpflichtenden Vertragsgrundlage ("separation agreement") beruhten, keine entscheidende Tragweite zu. Vielmehr erachtete es als wesentlich, ob dem Arbeitgeber hinsichtlich der streitigen Beteiligungen und ihrem Umfang vor Abschluss der Aufhebungsvereinbarung Ermessensspielraum zukam. Das Bundesgericht bejahte dies und kam dementsprechend zum Schluss, dass diese Beträge freiwillige Leistungen des Arbeitgebers darstellten, die dementsprechend zu einer Karenzzeit führten.

2.2 Kein Anspruch des Gesellschafters einer GmbH nach deutschem GmbHG auf Arbeitslosenentschädigung

In BGE 145 V 200 bestätigte das Bundesgericht seine Rechtsprechung, wonach sich der massgebliche Einfluss eines Gesellschafters oder einer Gesellschafterin einer GmbH nach schweizerischem Recht (mit oder ohne Geschäftsführerfunktion) bereits aus der Gesellschafterstellung an sich ergibt. Sodann erwog das Bundesgericht, dass der rechtsprechungsgemässe absolute Ausschluss vom Anspruch auf Arbeitslosenentschädigung eines Gesellschafters einer GmbH nach schweizerischem OR auch für die Gesellschafter einer GmbH nach deutschem Recht gelte. Auch diese sei stärker personenbezogen als die Aktiengesellschaft und weise ebenso wie die GmbH nach OR meist eine geringe Gesellschafterzahl aus, weshalb zusätzliche Gesellschafterpflichten relativ häufig vorkämen. Die Stellung der Gesellschafter in der GmbH nach schweizerischem und nach deutschem Recht betreffend die zu beurteilende Problematik unterscheide sich daher, falls überhaupt, nur geringfügig.

Dementsprechend erachtete es das Bundesgericht im konkreten Fall als angezeigt, die Rechtsprechung zur arbeitgeberähnlichen Stellung der Gesellschafter auch auf den Gesellschafter der GmbH nach deutschem GmbHG anzuwenden. Im Ergebnis führte dies ohne Prüfung der konkreten Einflussnahme des Beschwerdeführers in der Gesellschaft zum Leistungsausschluss kraft seiner Eigenschaft als Gesellschafter und der sich damit bereits aus dem Gesetz ergebenden Einflussmöglichkeiten.

2.3 Fristwahrung bei elektronischer Übermittlung namentlich der Nachweise der persönlichen Arbeitsbemühungen

In BGE 145 V 90 äusserte sich das Bundesgericht zur Übermittlung von schriftlichen Eingaben auf elektronischem Weg und zeigte auf, unter welchen Voraussetzungen diesfalls die Frist gewahrt wird. Es hielt fest, dass entgegen der Übermittlung von Eingaben auf dem Postweg dabei nicht das Expeditionsprinzip gelte, wonach das entscheidende Kriterium der Fristwahrung darin bestehe, dass die Übergabe an die Schweizerische Post am letzten Tag der Frist erfolge. Vielmehr sei für die Wahrung der Frist bei Eingaben auf elektronischem Weg massgeblich, dass das Informatiksystem der empfangenden Behörde spätestens am letzten Tag der Frist eine Empfangsquittung der elektronischen Zustellung ausgestellt habe. Bei Eingaben auf elektronischem Weg sei somit nicht das Datum und die Stunde des Versandes, sondern das Datum und die Stunde der Empfangsbestätigung durch das Informatiksystem der Behörde ausschlaggebend. Die Fristwahrung entziehe sich bei dieser Übermittlungsweise somit dem Einflussbereich der Parteien.

Das Bundesgericht erwog ferner, dass, wenn eine Partei keine solche Empfangsbestätigung erhalte, sie noch binnen der Frist den Briefumschlag bei der Post aufgeben müsse. Dies bedeute, dass eine Partei, welche die Mittel der Informatik benutze, kaum das Risiko auf sich nehmen können werde, die Schrift in letzter Sekunde, d.h. wenige Minuten vor Mitternacht, zu versenden, da sie dann keine Gewähr dafür habe, dass das elektronische System umgehend darauf und somit noch innert Frist antworten werde; vor einer Informatikpanne sei man nie gefeit.

Im konkret zu beurteilenden Fall berücksichtigte das Bundesgericht, dass das Formular für den am Ende jeder Kontrollperiode einzureichenden Nachweis der Arbeitssuchbemühungen kein Verfahrensdokument wie etwa eine Einsprache oder eine Beschwerde darstelle, sondern dass es sich dabei um ein Beweisstück zur Sachverhaltsfeststellung handle, um Ansprüche geltend machen zu können. Dementsprechend müsse dieses Dokument keine besondere Form aufweisen und könne auch auf elektronischem Weg an die Behörde übermittelt werden. Da der Beschwerdegegner allerdings nicht dargelegt hatte, dass seine elektronische Post fristgerecht im Informatiksystem des RAV eingetroffen war, hiess das Bundesgericht die Beschwerde des Arbeitsamtes gut und bestätigte die Einstellung des Anspruches auf Arbeitslosenentschädigung.

3. Berufliche Vorsorge

In BGE 145 V 18 äusserte sich das Bundesgericht zur Frage, ob die definitiv leistungspflichtige Vorsorgeeinrichtung der vorleistungspflichtigen Vorsorgeeinrichtung auf dem zurückzuerstattenden Betrag Verzugszins zu bezahlen hat. Das Bundesgericht erwog, dass es sich bereits in BGE 136 V 131 mit dem Regressanspruch gemäss Art. 26 Abs. 4 BVG auseinandergesetzt und dabei entschieden habe, dass die Vorsorgeeinrichtung, welche Vorleistungen erbracht habe, unmittelbar von Gesetzes wegen im Umfang der geleisteten Zahlungen auf die leistungspflichtige Vorsorgeeinrichtung Rückgriff nehmen könne. Keine Voraussetzung sei, dass sich die vorleistungspflichtige Vorsorgeeinrichtung die Ansprüche der versicherten Person abtreten lasse.

Das Bundesgericht kam mit Blick auf diesen direkten gesetzlichen Anspruch zum Schluss, dass eine vertragliche Beziehung zwischen der vorleistungspflichtigen und der definitiv leistungspflichtigen Vorsorgeeinrichtung zu verneinen sei und sah daher keine Grundlage für die Anwendung der bundesgerichtlichen

Rechtsprechung, welche im Beitrags- und Leistungsbereich den Verzugszins zulässt. Auch der Wortlaut von Art. 26 Abs. 4 BVG enthalte keine Verzugszinspflicht und eine solche lasse sich ebenso wenig aus der Entstehungsgeschichte und den dazu vorhandenen Materialien ableiten. Es fänden sich, so das Bundesgericht, keine Hinweise darauf, dass der Gesetzgeber in Konstellationen wie im zu beurteilenden Fall eine Verzugszinspflicht habe statuieren wollen. Dementsprechend wies das Bundesgericht die Beschwerde, mit welcher die Auffangeinrichtung die Swiss Life zur Bezahlung von Verzugszinsen verpflichten wollte, ab.

4. Invalidenversicherung

4.1 Voraussetzung der Auferlegung der Abklärungskosten an die Partei

In BGE 145 V 314 erwog das Bundesgericht, dass die dem Verursacherprinzip folgende Bestimmung von Art. 45 Abs. 3 ATSG mit Blick auf den Wortlaut und ihrem Sinn und Zweck entsprechend die Auferlegung einzig derjenigen Kosten beschlage, welche entstanden seien, weil die Partei durch ihr unentschuldbares Verhalten eine Abklärungsmassnahme verhindert oder erschwert habe. Voraussetzung für im Ausnahmefall zu tragende Kosten sei somit ein bezüglich der Kostenverursachung vorwerfbares Verhalten.

Im konkreten Fall kam das Bundesgericht zum Schluss, dass kein über die Verletzung der Mitwirkungspflicht hinausgehendes, zu missbilligendes, tadelnswertes Verhalten vorlag, da der Beschwerdeführer den fraglichen Abklärungstermin nicht kurzfristig platzen liess und die IV-Stelle daher die Möglichkeit gehabt hätte, den Auftrag zurück zu ziehen, ohne dass damit der von den Gutachtern in Rechnung gestellte Aufwand entstanden wäre. Das Bundesgericht hob infolgedessen den Entscheid der Vorinstanz mangels Vorliegen der strengen Voraussetzungen zur ausnahmsweisen Auferlegung der Abklärungskosten nach Art. 45 Abs. 3 ATSG auf.

4.2 Voraussetzung für Abzug bei Nachzahlung der Kinderrente

In BGE 145 V 154 hatte das Bundesgericht zum ersten Mal Gelegenheit, sich einlässlich mit der Frage zu befassen, ob die Unterstützungspflicht vorgängig verbindlich vertraglich oder gerichtlich festgelegt worden sein muss, damit der Berechtigte der Hauptrente Anspruch auf einen den geleisteten Unterhaltsbeiträgen entsprechenden Anteil an der Nachzahlung der Kinderrente hat. Das Bundesgericht bejahte dies.

Im zu beurteilenden Fall wehrte sich der nicht obhutsberechtigte Beschwerdeführer dementsprechend erfolglos gegen die Ansicht der Vorinstanz, welche die

Auszahlung der Kinderrenten rückwirkend für die Zeit von Januar 2011 bis Oktober 2016 in vollem Umfang seiner von ihm getrennt lebenden Ehefrau, welche die Obhut über die beiden gemeinsamen Kinder hat, zusprach. Das Bundesgericht zog bei seinem Entscheid in Betracht, dass auf eine Unterhaltsregelung mangels Leistungsfähigkeit des Beschwerdeführers im Zeitpunkt der Regelung des Getrenntlebens verzichtet worden war und auch im Nachgang dazu keine verbindliche quantitative Festsetzung der Unterhaltsbeiträge erfolgt ist. Die vom Beschwerdeführer behaupteten geleisteten Beiträge konnten daher, zumal die Gegenseite ihre Qualifikation als Kinderunterhalt sowie deren Umfang bestritt, nicht von der Nachzahlung in Abzug gebracht werden.

5. Unfallversicherung

5.1 *Entlastungsbeweis des Unfallversicherers bei unfallähnlichen Körperschädigungen*

Im zur Publikation vorgesehenen Entscheid 8C_22/2019 vom 24. September 2019 befasste sich das Bundesgericht eingehend mit dem seit dem 1. Januar 2017 in Kraft stehenden Abs. 2 von Art. 6 UVG, welcher neu die unfallähnliche Körperschädigung regelt.

Von Interesse sind vor allem die Ausführungen des Bundesgerichtes zum Entlastungsbeweis des Unfallversicherers. Diesbezüglich erwog das Bundesgericht, dass die Leistungspflicht des Unfallversicherers – entgegen der Situation bei einem Unfallereignis im Sinne von Art. 4 ATSG – nicht erst dann entfalle, wenn die unfallähnliche Körperschädigung keine auch nur geringe Teilursache der Körperschädigung mehr darstelle. Vielmehr könne sich der Unfallversicherer von seiner Leistungspflicht bereits dann befreien, wenn die Listendiagnose vorwiegend auf Abnützung oder Erkrankung zurück zu führen sei. Das Bundesgericht stellte klar, dass unter dem Begriff "vorwiegend" ein Anteil von mehr als 50 % zu verstehen sei und wies darauf hin, dass der Unfallversicherer, damit der Entlastungsbeweis gelinge, mit dem Beweisgrad der überwiegenden Wahrscheinlichkeit nachzuweisen habe, dass die fragliche Listenverletzung im gesamten Ursachenspektrum zu mehr als 50 % auf Abnützung oder Erkrankung zurück zu führen sei.

Im konkreten Fall gelang es dem Unfallversicherer, diesen Beweis zu erbringen. Die Vermutung der Leistungspflicht gemäss Art. 6 Abs. 2 UVG wurde demnach umgestossen und er war von seiner Leistungspflicht befreit.

5.2 Rückwirkende Rentenanpassung bei einer Meldepflichtverletzung

In BGE 145 V 141 bestätigte das Bundesgericht seine konstante Rechtsprechung, wonach bei einer Meldepflichtverletzung eine rückwirkende Rentenaufhebung möglich ist und hielt fest, dass diese auch mit Bezug auf die konkret in Frage stehende Invalidenrente der Unfallversicherung gelte. In casu unterliess der Versicherte die Meldung, dass er seit 1. Januar 2014 infolge einer Beförderung ein um über 10 % höheres Einkommen erzielte. Das Bundesgericht erwog, dass Umstände, welche den Rentenanspruch um mindestens 5 % verändern, einen Revisionsgrund darstellen und damit als wesentliche Änderungen qualifizierten, die der Meldepflicht unterlägen. Dementsprechend wäre der Versicherte gehalten gewesen, den höheren Lohn zu melden. Die Verletzung der Meldepflicht rechtfertige die rückwirkende Leistungsanpassung resp. die Rückerstattungspflicht ab dem Zeitpunkt der Verwirklichung des pflichtwidrig nicht gemeldeten Revisionstatbestandes. Der vorinstanzliche Entscheid, worin die Aufhebung der Rente per 1. Januar 2014 und die Rückerstattung der ab diesem Zeitpunkt zu viel bezahlten Rente bestätigt wurde, wurde dementsprechend vom Bundesgericht geschützt.

6. Krankenversicherung

In BGE 145 V 116 stellte das Bundesgericht klar, dass es in seiner Rechtsprechung zu keiner Zeit eine absolute Obergrenze der zu Lasten der obligatorischen Krankenpflege gehenden Kosten festgelegt und namentlich nie die QALY-Methode, nach welcher sich eine solche Obergrenze mittels Kriterien wie insbesondere der durchschnittlichen Lebenserwartung und der Lebensqualität individuell berechnen lasse, für massgebend erklärt habe.

Im konkreten Fall versuchte die Vivao Sympany AG erfolglos, ihre Leistungspflicht für die Spitalbehandlung ihres Versicherten im Umfang von 421 Tagen mit dem Argument der Anwendbarkeit der QALY-Methode auf CHF 300'000 zu beschränken, ohne konkrete Kritik an den einzelnen vorgenommenen medizinischen Behandlungen anzubringen. Das Bundesgericht erwog, solange die im Rahmen der Spitalbehandlung vorgenommenen einzelnen Massnahmen die Voraussetzungen der Wirksamkeit, Zweckmässigkeit und Wirtschaftlichkeit erfüllten, bestehe eine unbeschränkte Leistungspflicht der obligatorischen Krankenpflegeversicherung. Eine pauschale Kostenbegrenzung im Sinne einer Rationierung der Leistungen sei im KVG nicht vorgesehen und die Vivao Sympany AG war daher vom vorinstanzlichen Schiedsgericht zu Recht zur Übernahme der vollen Kosten verpflichtet worden.

Steuerrecht

KILIAN PERROULAZ, SELINA MANY[*]

I. Neue Entwicklungen

1. Nationales Steuerrecht

1.1 Unternehmenssteuerreform (USR III / Steuervorlage 17 / STAF)

Das Parlament hat am 28. September 2018 das Bundesgesetz über die Steuerreform und die AHV-Finanzierung (STAF) beschlossen, das in der Volksabstimmung vom 19. Mai 2019 angenommen wurde und am 1. Januar 2020 in Kraft getreten ist. Damit werden nach jahrelangen parlamentarischen Beratungen und einer gescheiterten Volksabstimmung bestehende Steuerregimes, die nicht mehr mit internationalen Standards im Einklang stehen, abgelöst. Die Einführung international kompatibler steuerlicher Massnahmen soll gewährleisten, dass die Schweiz weiterhin ein attraktiver Unternehmensstandort bleibt, und die Kantone erhalten zusätzlichen finanzpolitischen Spielraum. Der Finanzausgleich wird an die neuen steuerpolitischen Realitäten angepasst und die AHV erhält eine Zusatzfinanzierung.

Die Umsetzungsmassnahmen der STAF sind auf verschiedenen Ebenen in Arbeit. Insbesondere hat der Bundesrat die Verordnung über die ermässigte Besteuerung von Gewinnen aus Patenten und vergleichbaren Rechten (SR 642.142.1) und die Verordnung über den steuerlichen Abzug auf Eigenfinanzierung juristischer Personen (SR 642.142.2) erlassen und auf den 1. Januar 2020 in Kraft gesetzt. Hinzu kommen Anpassungen bestehender und die Herausgabe neuer Kreisschreiben der EStV wie namentlich das neue KS Nr. 29b vom 23. Dezember 2019 zum Kapitaleinlageprinzip, das in Bezug auf börsenkotierte Gesellschaften Anpassungen erfahren hat. Die Schweizerische Steuerkonferenz hat am 15. Januar 2020 das KS 34 über die interkantonale Steuerausscheidung

---

[*] Bearbeitet von Kilian Perroulaz, Rechtsanwalt, dipl. Steuerexperte und Selina Many, Rechtsanwältin, dipl. Steuerexpertin.

von Gesellschaften, welche die in der STAF vorgesehenen Abzüge beanspruchen, publiziert.[1]

Schliesslich sind die Umsetzungsmassnahmen in den Kantonen grösstenteils beschlossen und nur in einigen Kantonen noch am laufen.[2] Die nachfolgende Aufstellung zeigt eine Übersicht der beschlossenen bzw. geplanten Umsetzungsmassnahmen in den Kantonen. Schliesslich ist zu beachten, dass falls ein Kanton die obligatorischen Bestimmungen der STAF bis am 1. Januar 2020 nicht umgesetzt hat, das Bundesrecht direkt Anwendung findet.

---

[1] KS 34 der Schweizerischen Steuerkonferenz vom 15. Januar 2020 abrufbar unter: <https://www.steuerkonferenz.ch/downloads/Dokumente/Kreisschreiben/KS34_Internkantonale_Steuerausscheidung_STAF.pdf>.

[2] Im Kanton Appenzell Innerrhoden ist der Beschluss der Landsgemeinde am 26. April 2020 ausstehend. Im Kanton Bern soll die Umsetzung mittels Steuergesetzrevision 2021 erfolgen. Im Kanton Nidwalden ist die Volksabstimmung für den 17. Mai 2020 geplant. Im Kanton Tessin schliesslich ist die politische Beratung noch pendent.

Steuerrecht

	Gewinnsteuerbelastung Hauptort (effektiv)	Entlastung Patentbox (max. 90%)	F&E-Abzug (max. 50%)	Entlastungsbegrenzung (max. 70%)	Kapitalsteuerbelastung Hauptort	Step-up bei Aufgabe Status Ja/Nein	Teilbesteuerung Dividenden im PV in %
AG	18.61%	90%	50%	70%	0.127%	Ja	50%
AI	12.66%	50%	50%	50%	0.005%	Nein	50%
AR	13.04%	50%	50%	50%	0.0475%	Ja	60%
BE	21.05%	90%	50%	70%	0.024%	Ja	50%
BL	13.45%[6]	90%	20%	50%	0.160%	Ja	60%
BS	13.04%	90%	Nein	40%	0.100%[3]	Ja	80%
FR	13.91%	90%	50%	20%	0.1916%	Nein	70%
GE	13.99%	10%	50%	9%	0.400%	Nein	70%
GL	12.43%	10%	Nein	10%	0.253%	Ja	70%
GR	14.773%	90%	50%	55%	0.491%	Ja	50%
JU	15.00%[7]	90%	Nein	70%	0.187%	Ja	70%
LU	12.32%	10%	50%	20%/70%[4]	0.185%	Ja	60%
NE	13.57%	20%	50%	40%	0.500%	Nein	60%
NW	11.97%	90%	Nein[5]	70%	0.010%	Ja	50%
OW	12.74%	90%	50%	70%	0.001%	Ja	50%

[3] Diese Kapitalsteuerbelastung findet bereits seit 2019 Anwendung.
[4] 70% im Falle eines altrechtlichen Step-ups; 20%, wenn kein Step-up angewendet wird.
[5] Regierungsrat kann den Prozentsatz des F&E Abzugs festlegen; derzeit 0%.
[6] 2020-2022: 18%; 2023/2024: 15.9%; ab 2025: 13.45%.
[7] 2020/2021: 17.0%; 2022/2023: 16.0%; ab 2024: 15%.

	Gewinnsteuerbelastung Hauptort (effektiv)	Entlastung Patentbox (max. 90%)	F&E-Abzug (max. 50%)	Entlastungsbegrenzung (max. 70%)	Kapitalsteuerbelastung Hauptort	Step-up bei Aufgabe Status Ja/Nein	Teilbesteuerung Dividenden im PV in %
SG	14.5%	50%	40%	40%	0.067%	Ja	70%
SH	12.16%[10]	90%	25%[9]	50%[8]	0.005%	Ja	60%
SO[13]	16.32%	90%	50%	70%	0.176%	Ja	70%
SZ	14.06%	90%	50%	70%	0.003%	Ja	50%
TG	13.40%	40%	30%	50%	0.042%	Ja	60%
TI	15.89%[11]	90%	50%	70%	0.285%	Ja	70%
UR	12.64%	30%	Nein	50%	0.001%	Ja	50%
VD	13.79%	Nein	Nein	Nein	0.1400%	Nein	70%
VS	16.98%	90%	50%	30%	0.500%	Ja	60%
ZG	11.91%	90%	50%	70%	0.072%	Ja	50%
ZH	18.19%[12]	90%	50%	70%	0.172%	Ja	50%

---

[8] 70% 2020-2024, anschliessend 50%.
[9] Ab 2025.
[10] 14.03% bis 2025; danach Reduktion auf 12.16%.
[11] Ab 2025: 15.89%.
[12] Stufenweise Reduktion: 2020: unverändert 21.15%; ab 2021: 19.7%; ab 2023: Vorschlag 18.19%.
[13] 2020: 16.32% und 2021: 15.85%; vorgesehen ab 2022: 15.38%.

1.2 Ausgewählte Kreisschreiben und Merkblätter der EStV

a) KS der EStV zur Quellenbesteuerung des Erwerbseinkommens von Arbeitnehmern

Mit dem Bundesgesetz vom 16. Dezember 2016 über die Revision der Quellenbesteuerung des Erwerbseinkommens[14] wurden die Grundlagen für die Quellenbesteuerung des Erwerbseinkommens neu geregelt. Die teilweise überarbeiteten und teilweise neuen Bestimmungen, die auf den 1. Januar 2021 in Kraft treten, zielen darauf ab, die ergangene Rechtsprechung des Bundesgerichts, verschiedener kantonaler Gerichte und des Europäischen Gerichtshofs (EuGH) unter dem Aspekt der Kompatibilität mit dem FZA[15] aufzunehmen. In diesem Zusammenhang wurde auch das Institut der "Quasi-Ansässigkeit" neu gesetzlich eingeführt. Schliesslich verfolgen die Neuerungen auch den Zweck, den technischen Entwicklungen Rechnung zu tragen (bspw. dem einheitlichen Lohnmeldewesen bzw. dem Lohnstandard-CH Quellensteuer), die Rechtssicherheit für die Arbeitnehmer und die Schuldner der steuerbaren Leistung zu erhöhen sowie die Verfahren – soweit möglich – zu vereinheitlichen. Ebenso wird die Quellensteuerverordnung[16] revidiert.

Das umfassende KS Nr. 45 der EStV vom 12. Juni 2019 betr. Quellenbesteuerung des Erwerbseinkommens von Arbeitnehmern definiert gestützt auf das Bundesgesetz und die revidierte Quellensteuerverordnung zunächst wesentliche Begriffe (Arbeitnehmer, Schuldner der steuerbaren Leistung im Grundsatz, beim Personalverleih und bei einer faktischen Arbeitgeberschaft und Ansässigkeit) und befasst sich anschliessend auf ca. sechzig weiteren Seiten mit den quellenbesteuerten Arbeitnehmern, den Grundsätzen zur Tarifanwendung, den Abgrenzungen zu Künstlern, Sportlern und Referenten, Mitarbeiterbeteiligungen und Verwaltungsratsentschädigungen, der Berechnung der Quellensteuer nach dem Monatsmodell und nach dem Jahresmodell, dem Kantonswechsel zwischen Kantonen mit dem gleichen oder unterschiedlichen Modellen, den Pflichten des Schuldners der steuerbaren Leistung, den Rechten und Pflichten des quellensteuerpflichtigen Arbeitnehmers, der nachträglichen ordentlichen Veranlagung

---

[14] Vgl. Amtliche Sammlung des Bundesrechts [AS] 2018 S. 1813.
[15] Abkommen vom 21. Juni 1999 zwischen der Schweizerischen Eidgenossenschaft einerseits und der Europäischen Gemeinschaft und ihren Mitgliedstaaten andererseits über die Freizügigkeit (FZA; SR 0.142.112.681).
[16] Verordnung des EFD vom 11. April 2018 über die Quellensteuer bei der direkten Bundessteuer (QStV; SR 642.118.2).

und der Neuberechnung der Quellensteuer und schliesslich dem Wechsel zwischen Quellenbesteuerung und ordentlicher Veranlagung.

Das Bundesgesetz, die revidierte Quellensteuerverordnung und das Kreisschreiben treten auf den 1. Januar 2021 in Kraft und gelten für sämtliche ab diesem Zeitpunkt fällig werdenden steuerbaren Leistungen, wobei insbesondere Arbeitgeber mit Quellensteuerpflichtigen die Änderungen und ihren Anpassungsbedarf kennen sollten, um die neuen Rechtsgrundlagen rechtzeitig umsetzen zu können.

b) Arbeitspapier Kryptowährungen und Initial Coin/Token Offerings (ICOs/ITOs)

Die EStV hat am 27. August 2019 ein Arbeitspapier zu Kryptowährungen und Initial Coin/Token Offerings (ICOs/ITOs) als Gegenstand der Vermögens-, Einkommens- und Gewinnsteuer, der Verrechnungssteuer und der Stempelabgaben publiziert.[17]

Das Arbeitspapier stellt die Praxis der EStV basierend auf den der EStV bis Ende Mai 2019 unterbreiteten Sachverhalten und Transaktionen dar und beschreibt in einem ersten Teil die steuerliche Behandlung der Kryptowährungen in der Form von reinen digitalen Zahlungsmitteln (Native Token/Payment Token), die von Investoren im Privatvermögen gehalten werden. Der zweite Teil befasst sich zum einen mit den Steuerfolgen der im Rahmen von ICOs/ITOs ausgegebenen Coins/Token mit geldwerten Rechten gegenüber einer Gegenpartei (Asset-backed-Token) und zum anderen mit der Ausgabe von Utility-Token. Der zweite Teil beleuchtet sowohl die Ebene des Investors (Privatvermögen oder ggf. unselbständige Erwerbstätigkeit) als auch diejenige des Emittenten. Auf Wunsch von kantonalen Steuerverwaltungen äussert sich das Arbeitspapier auch zu Belangen der ausschliesslich kantonalen Vermögenssteuer.

---

[17] Vgl. das Arbeitspapier Kryptowährungen und Initial Coin/Token Offerings (ICOs/ITOs) als Gegenstand der Vermögens-, Einkommens- und Gewinnsteuer, der Verrechnungssteuer und der Stempelabgaben, abrufbar unter <https://www.estv.admin.ch/estv/de/home/direkte-bundessteuer/direkte-bundessteuer/fachinformationen/kryptowaehrungen.html>. Zusätzlich hat die EStV am 1. Juni 2019 die MWST-Info 04, Steuerobjekt, mit einer neuen Ziff. 2.7.3 betreffend Leistungen im Zusammenhang mit Blockchain- und Distributed Ledger-Technologie ergänzt (abrufbar unter <https://www.gate.estv.admin.ch/mwst-webpublikationen/public/pages/taxInfos/cipherDisplay.xhtml?publicationId=1003047&componentId=1479003>.

c) Mitteilung zur Verrechnungssteuer bei Guthaben im Konzern

Die EStV hat am 5. Februar 2019 eine Praxismitteilung zur Verrechnungssteuer bei Guthaben im Konzern publiziert.[18] Die Praxismitteilung lockert die Verwaltungspraxis bzgl. der zulässigen Mittelrückführung bei inländisch garantierten Auslandanleihen. Neu dürfen Mittel bis zur Summe des kumulierten Eigenkapitals der ausländischen Konzerngesellschaften in die Schweiz weitergeleitet werden. Zudem können Mittel, welche von der Schweiz als Darlehen an ausländische Konzerngesellschaften weitergeben werden, in Abzug gebracht werden.[19]

1.3 Verrechnungssteuer

a) Rückerstattung der Verrechnungssteuer

Am 28. September 2018 verabschiedeten die Eidgenössischen Räte eine Änderung des VStG, insbesondere betreffend Art. 23. Diese Änderung des VStG trat rückwirkend auf den 1. Januar 2019 in Kraft.[20] Die in Art. 23 Abs. 1 VStG erwähnte Deklarationspflicht als Voraussetzung für die Rückerstattung der Verrechnungssteuer bleibt unverändert bestehen. Jedoch hält der neue Abs. 2 von Art. 23 VStG fest, unter welchen Voraussetzungen die Verwirkung des Anspruchs auf Rückerstattung der Verrechnungssteuer nicht eintritt, obwohl die antragstellende Person (steuerpflichtige Person) die steuerbaren Einkünfte gemäss Art. 23 Abs. 1 VStG nicht deklariert hatte. Die Verwirkung tritt nicht ein, wenn die Einkünfte oder Vermögen in der Steuererklärung fahrlässig nicht angegeben wurden und in einem noch nicht rechtskräftig abgeschlossenen Veranlagungs-, Revisions- oder Nachsteuerverfahren (i) nachträglich angegeben werden oder (ii) von der Steuerbehörde aus eigener Feststellung zu den Einkünften oder Vermögen hinzugerechnet werden.

Da die Neuregelung rückwirkend per 1. Januar 2019 auf alle noch nicht rechtskräftig abgeschlossenen Rückerstattungsverfahren anwendbar ist, musste das Bundesgericht bereits zwölf Mal über die Anwendung bzw. Anwendbarkeit von

---

[18] Vgl. die Mitteilung-010-DVS-2019-d vom 5. Februar 2019 Verrechnungssteuer: Guthaben im Konzern, abrufbar unter <https://www.estv.admin.ch/dam/estv/de/dokumente/allgemein/Dokumentation/mitteilungen/Mitteilung-010-DVS-2019.pdf.download.pdf/Mitteilung-010-DVS-2019-d.pdf>.

[19] Vgl. dazu STEFAN OESTERHELT, Auslandanleihen mit Garantie der inländischen Muttergesellschaft, Expert Focus 1-2|2020, S. 57-62.

[20] Vgl. dazu auch das KS der EStV vom 4. Dezember 2019 betr. Verwirkung des Anspruchs von natürlichen Personen auf Rückerstattung der Verrechnungssteuer gemäss Artikel 23 VStG in der Fassung vom 28. September 2018.

Art. 23 Abs. 2 VStG entscheiden; vier Fälle wurden vom Bundesgericht abgewiesen, da der Rückerstattungsanspruch vor dem 1. Januar 2014 entstanden ist, in vier Fällen hat das Bundesgericht die Rückerstattung bewilligt und in weiteren vier Fällen hat das Bundesgericht die Sache an die Vorinstanz zurückgewiesen, um zu klären, ob Vorsatz vorliegt.[21]

b)   Vernehmlassung zur Revision der Verrechnungssteuer

Der Bundesrat hat am 26. Juni 2019 die zentralen Eckwerte und an seiner Sitzung vom 27. September 2019 weitere Eckwerte zur Reform der Verrechnungssteuer verabschiedet. Die Vernehmlassungsvorlage sollte im ersten Quartal 2020 vorliegen. Eine Aktualisierung dieses Zeitplans ist bislang nicht erfolgt.[22]

2.   Internationales Steuerrecht

Das multilaterale Übereinkommen zur Umsetzung abkommensbezogener Massnahmen zur Verhinderung der Gewinnverkürzung und Gewinnverlagerung (Base Erosion and Profit Shifting, BEPS-Übereinkommen) ist am 1. Dezember 2019 in Kraft getreten. Mithilfe des BEPS-Übereinkommens können darunterfallende bestehende Doppelbesteuerungsabkommen an die abkommensbezogenen Empfehlungen aus dem BEPS-Projekt der OECD/G20 angepasst werden.

Mit dem BEPS-Übereinkommen sollen vorerst die Schweizer Doppelbesteuerungsabkommen (DBA) mit Argentinien, Chile, Island, Italien, Litauen, Luxemburg, Mexiko, Österreich, Portugal, Südafrika, Tschechien und der Türkei an die im Rahmen des BEPS-Projekts gesetzten abkommensbezogenen Mindeststandards angepasst werden. Diese Staaten sind bereit, sich mit der Schweiz auf den genauen Wortlaut der durch das BEPS-Übereinkommen anzupassenden DBA mittels Verständigungsvereinbarungen zu einigen. Sobald das BEPS-Übereinkommen auch in diesen Staaten in Kraft getreten ist und die einzelnen Vereinbarungen abgeschlossen werden konnten, wird die Schweiz den Abschluss der innerstaatlichen Verfahren notifizieren, damit die Bestimmungen des BEPS-Übereinkommens wirksam werden.

---

[21] Vgl. dazu DANIEL HOLENSTEIN, StR 75/2020 S. 86 ff., insbesondere S. 91 ff. mit einer Kurzzusammenfassung der Bundesgerichtsentscheide und der Leitlinien.

[22] Vgl. dazu die Medienmitteilung vom 26. Juni 2019 über die zentralen Eckwerte, abrufbar unter <https://www.efd.admin.ch/efd/de/home/dokumentation/nsb-news_list.msg-id-75605.html> sowie vom 27. September 2019 über die Eckwerte, abrufbar unter <https://www.admin.ch/gov/de/start/dokumentation/medienmitteilungen.msg-id-76563.html>.

Die abkommensbezogenen BEPS-Mindeststandards können nicht nur durch das BEPS-Übereinkommen, sondern auch durch bilaterale Änderungen der DBA vereinbart werden. So hat die Schweiz diese Mindeststandards bereits in zahlreiche Revisionen und neu abgeschlossene DBA einfliessen lassen[23]. Weitere DBA-Revisionen sind im Gange.[24]

II. Rechtsprechung

1. Entscheid zur indirekten Teilliquidation

Im Urteil 2C_702/2018 vom 28. März 2019 hatte das Bundesgericht zu beurteilen, ob das für die Annahme einer indirekten Teilliquidation erforderliche Mitwirkungselement seitens des Verkäufers gegeben war.

B. war Teil einer Erbengemeinschaft, die nach dem Versterben von F. 30% an der C. SA hielt. Die restlichen 70% wurden von der E. SA gehalten. Die Erbengemeinschaft bestand aus vier Parteien zu gleichen Teilen. Insofern hielt B. 7.5% an der C. SA. 2010 veräusserte die Erbengemeinschaft ihre Aktien an der C. SA an die I. SA. 2013 beschloss die Generalversammlung der C. SA die Ausschüttung einer Substanzdividende, die 2014 ausgerichtet wurde. Streitig war, ob damit bei B. eine steuerbare indirekte Teilliquidation vorlag (Umqualifikation eines steuerfreien Kapitalgewinns in einen steuerbaren Vermögensertrag).

Das Bundesgericht listete zunächst die einzelnen gesetzlichen Voraussetzungen für die Annahme einer indirekten Teilliquidation auf. Es sind dies:

– Alleiniger oder gemeinsamer Verkauf einer Beteiligung von mindestens 20 % aus dem Privatvermögen in das Geschäftsvermögen eines Dritten.

– Ausschüttung von nicht betriebsnotwendiger Substanz, die bereits im Verkaufszeitpunkt vorhanden und handelsrechtlich ausschüttungsfähig war, innert fünf Jahren seit dem Verkauf unter Mitwirkung des Verkäufers.

---

[23] In den Doppelbesteuerungsabkommen mit den Niederlanden, Neuseeland, Norwegen, Schweden, der Ukraine, Brasilien, Lettland, Kosovo, Irland, Korea, Pakistan, Sambia, Saudi-Arabien und dem Vereinigten Königreich wurden die Mindeststandards bereits umgesetzt.

[24] Es handelt sich um die Doppelbesteuerungsabkommen mit den folgenden Staaten: Iran, Äthiopien, Kamerun, Kuwait, Bahrain, und Malta.

Das Bundesgericht prüfte, ob die Beteiligungsschwelle von 20 % vorliegend gegeben war, hatte B. selber doch nur 7.5 % veräussert. Zusammen mit den übrigen Erben lag die Beteiligung allerdings bei 30 %. B. hielt dem entgegen, dass der Verkauf bei zwei der total vier Erben (15 %) bereits unter dem Tatbestand der Transponierung besteuert worden war und dass deren Anteile somit für die Ermittlung der veräusserten Beteiligungsquote nicht mitberücksichtig werden dürften. Das Bundesgericht hat diesen Einwand als nicht relevant beurteilt und somit das Kriterium der Beteiligungsschwelle von 20 % als erfüllt betrachtet.

Hingegen verneinte das Bundesgericht die Mitwirkung der Verkäufer. Es hielt fest, dass es sich beim Mitwirkungserfordernis insofern um ein subjektives Element handle, als der Verkäufer wisse oder wissen müsse, dass der Kaufpreis durch Mittel des Kaufobjekts (C. SA) finanziert würde und die Mittel nicht zurückgeführt würden. Vorliegend sei nicht einzusehen, inwiefern B. eine solche Kenntnis hätte haben müssen, sei es doch nicht die Käuferin I. SA sondern die bestehende Mehrheitsaktionärin E. SA gewesen, die die Ausschüttung bewirkt habe. Das blosse Wissen der Verkäuferin um das Bestehen von nicht betriebsnotwendiger, handelsrechtlich ausschüttungsfähiger Substanz reiche insofern nicht aus, um das subjektive Element des Mitwirkungserfordernisses und damit eine indirekte Teilliquidation zu bejahen.

2. Entscheide zum Unternehmenssteuerrecht

2.1 Steuerneutrale Holdingspaltung

Im vorliegenden Fall BGer 2C_34/2018 vom 11. März 2019 hatte sich das Bundesgericht mit der Frage auseinanderzusetzen, wie das (doppelte) Betriebserfordernis für die Steuerneutralität einer Spaltung bei Holdinggesellschaften auszulegen ist.

Das diesbezügliche Kreisschreiben der EStV bejaht bei Holdinggesellschaften einen Betrieb nur unter engen Voraussetzungen. Unter anderem setzt die EStV voraus, dass sowohl die abspaltende als auch die aufnehmende Gesellschaft nach der Spaltung je mindestens zwei 20%-Beteiligungen an aktiven Gesellschaften hält.[25] Im vorliegenden Fall ging lediglich eine 100%-Beteiligung an einer aktiven Gesellschaft auf die aufnehmende Gesellschaft über. Das Bundesgericht hat das Betriebserfordernis dabei als erfüllt betrachtet, indem es den Betrieb der übertragenen Tochtergesellschaft der übernehmenden Holdinggesellschaft zurechnete (sog. Transparenzprinzip).

---

[25] KS der EStV Nr. 5 vom 1. Juni 2004, Ziff. 4.3.2.6.

2.2 Umsatzregister und Effektenhändlerkarten bei der Umsatzabgabe

Im Urteil 2C_749/2017, 2C_753/2017 vom 20. März 2019 stellten sich Fragen rund um die Führung des Umsatzregisters und die diesbezüglichen Untersuchungspflichten der EStV einerseits sowie rund um die rechtliche Bedeutung von Effektenhändlerkarten ("blaue Karten") andererseits.

Die A. AG qualifizierte als Effektenhändlerin für Umsatzabgabezwecke. Zwischen 2007 und 2012 vermittelte sie Wertschriftentransaktionen zwischen zwei Kapitalgesellschaften einerseits und neun schweizerischen Personalvorsorgestiftungen andererseits (Kundengruppe 1). In derselben Zeitspanne hat die A. AG sodann Wertschriftentransaktionen zwischen den besagten beiden Kapitalgesellschaften und Schweizer Asset Managern bzw. ausländischen kollektiven Kapitalanlagen andererseits (Kundengruppe 2) vermittelt. Ein Effektenhändler, der Transaktionen mit steuerbaren Urkunden vermittelt, schuldet eine halbe Abgabe für jede Vertragspartei, die sich weder als registrierter Effektenhändlerin noch als von der Abgabe befreiter Anleger ausweist.

In seinem Urteil 2C_749/2017, 2C_753/2017 vom 20. März 2019 hatte sich das Bundesgericht mit zwei Fragen zu befassen.

Hinsichtlich der Kundengruppe 1 stellte sich die Frage, ob sich die Personalvorsorgestiftungen, selber Effektenhändlerinnen, gegenüber der A. AG als Effektenhändlerinnen ausgewiesen hatten. Diesfalls hätte die A. AG die auf sie entfallende hälftige Abgabe nicht abrechnen müssen.

Der Ausweis als Effektenhändlerin hat mittels einer sog. "blauen Karte" zu erfolgen, die dem Vermittler zu übergeben ist. Die A. AG hatte die blauen Karten bei der Kundengruppe 1 nicht eingefordert, sie aber nach der Buchprüfung durch die EStV beschafft. Gemäss Bundesgericht war dies allerdings zu spät. Grundsätzlich hat demnach die blaue Karte dem Vermittler bei Vertragsabschluss, dem Zeitpunkt der Entstehung der Abgabepflicht, bereits vorzuliegen, ansonsten die Abgabebefreiung nicht greift. Das Bundesgericht erachtet diese strenge Formvorschrift im Hinblick auf die Überprüfbarkeit der Transaktionen durch die EStV denn auch nicht als unverhältnismässig. Immerhin scheint es für dringliche Fälle eine gewisse Erleichterung zuzugestehen, indem es ausführt: "*Wenn [...] zu Beginn der Aufnahme von Geschäftsbeziehungen im Interesse sofort abzuwickelnder Wertschriftentransaktionen auf den Austausch der Effektenhändlerausweise ausnahmsweise verzichtet werden muss, kann der Nachweis innert der Dreitagesfrist erfolgen, in welcher die Eintragung des Geschäfts im Umsatzregister der Effektenhändlerin zu erfolgen hat [...].*"[26]

In Bezug auf die Kundengruppe 2 war sodann streitig, wer als Vertragspartei der beiden ausländischen Gesellschaften zu qualifizieren war: die Schweizer Asset Manager oder die ausländischen kollektiven Kapitalanlagen. Die Frage stellte sich deswegen, weil das Umsatzregister bei gewissen Transaktionen jeweils beide als Vertragspartei genannt hatte. Die A. AG stellte sich auf den Standpunkt, dass die Schweizer Asset Manager jeweils (zivilrechtlich) als direkte Stellvertreter der jeweiligen ausländischen kollektiven Kapitalanlage (befreiter Anleger) gehandelt hätten und somit Letztere als (befreite) Vertragspartei gelten müssten. Dass im Falle einer zivilrechtlichen Stellvertretung eine solche auch für Umsatzabgabezwecke anerkannt werden muss, war nicht streitig. Streitig war vielmehr, wie ein direktes Stellvertretungsverhältnis für die Zwecke der Umsatzabgabe nachzuweisen ist.

Das Bundesgericht befand, dass die EStV verpflichtet ist, allfällige unklare Angaben im Umsatzregister durch ihr zumutbare Abklärungen beim Abgabepflichtigen zu klären, wobei der Abgabepflichtige dabei weitreichende Mitwirkungspflichten hat.

Vorliegend gab es zwei Konstellationen: In gewissen Fällen hatte die A. AG ausschliesslich den Schweizer Asset Manager als Vertragspartei erfasst. Diesbezüglich erwog das Bundesgericht, dass sich die A. AG auf ihren Angaben behaften lassen müsse. Mithin müsse hier der Schweizer Asset Manager als Vertragspartei gelten und sei (mangels Effektenhändlerkarte) die hälftige Abgabe geschuldet.

In den übrigen Fällen hatte die A. AG zwei Vertragsparteien auf einer Seite erfasst: den Schweizer Asset Manager und die ausländische kollektive Kapitalanlage. Allein aufgrund des Umsatzregisters liess sich somit nicht eruieren, wer nun die relevante Vertragspartei war. Das Bundesgericht befand, dass die EStV hier weitere, ihr zumutbare Nachforschungen betreiben müsse und nicht pauschal zu Lasten der Abgabepflichtigen den Schweizer Asset Manager als Vertragspartei hätte erfassen dürfen. In diesem Zusammenhang hielt das Bundesgericht allerdings bereits fest, dass im Rahmen des Verfahrens eingereichte Bestätigungen der Schweizer Asset Manager, wonach diese als direkte Stellvertreter handelten, nicht ausreichen, um auf die ausländische kollektive Kapitalanlage als Vertragspartei schliessen zu können. Entsprechend wurde der Fall zur weiteren Abklärung an die EStV zurückverwiesen.

---

[26] BGer 2C_749/2017, 2C_753/2017 vom 20. März 2019, E. 8.2.6.

2.3 Überlanges Geschäftsjahr

Im Urteil 2C_793/2017 vom 28. Januar 2020 war streitig, wie die Regelung in Art. 79 Abs. 3 DBG, wonach in "*jedem Kalenderjahr, ausgenommen im Gründungsjahr, [...] ein Geschäftsabschluss mit Bilanz und Erfolgsrechnung erstellt werden*" muss, auszulegen ist, wenn eine Gesellschaft aus Sanierungsgründen ein überlanges Geschäftsjahr, gefolgt von einem verkürzten Geschäftsjahr, einschaltet. Dies ist namentlich für die Frage der verfügbaren Vorjahresverluste relevant, da grundsätzlich nur Verluste aus sieben der Steuerperiode vorangegangenen Geschäftsjahren zur Verrechnung gebracht werden können.

Die A. führte ihre Bücher bis und mit dem Geschäftsjahr 2002 in Einklang mit dem Kalenderjahr. Aufgrund einer Verlustsituation schaltete sie auf Ersuchen der finanzierenden Bank einmalig ein Langjahr (1.1.2003 bis 31.5.2004) und sodann ein Kurzjahr (1.6.2004 bis 31.12.2004) ein. Im Anschluss galt wieder das Kalenderjahr als Geschäftsjahr.

Im Geschäftsjahr 2009 erzielte die A. erstmalig wieder einen Gewinn und wollte noch nicht verrechnete Vorjahresverluste aus dem Jahr 2002 zur Verrechnung bringen. Die Steuerbehörde war der Auffassung, dass keine verrechenbaren Vorjahresverluste mehr bestünden. Sie begründete dies damit, dass in den Kalenderjahren 2003 und 2004 insgesamt drei Geschäftsjahre zum Abschluss gekommen seien (1.1. 2003 bis 31.12.2003, 1.1.2003 bis 31.5.2004, 1.6.2004 bis 31.12.2004). Entsprechend seien diesbezüglich drei Veranlagungsverfügungen ergangen und rechtskräftig geworden. Mit anderen Worten lag das Jahr 2002 aus Sicht der Steuerbehörde bereits acht Perioden zurück.

Zunächst stellte das Bundesgericht fest, dass das Vorgehen der A., einmalig ein Langjahr und dann ein Kurzjahr einzuschalten, handelsrechtlich nicht zu beanstanden war. So sei ein solches Vorgehen handelsrechtlich zulässig, "*soweit eine mässige, vereinzelte Verlängerung des Geschäftsjahres über die zwölf Monate hinaus angestrebt wird*".[27]

Gemäss Art. 79 Abs. 3 DBG hat eine Gesellschaft in jedem Kalenderjahr, ausgenommen im Gründungsjahr, einen Geschäftsabschluss (Jahresrechnung) vorzulegen. Das Bundesgericht stellte fest, dass diese Regelung nach ihrem Wortlaut je nach Konstellation mit dem sachlich begründeten Bedürfnis nach Phasenverschiebung kollidieren kann. "*Wenn das Geschäftsjahr bislang vom 1. April bis zum 31. März dauerte und es nun beispielsweise einmalig um drei Monate verlängert wird, erlaubt dies auch weiterhin, sowohl im Jahr "n" (en-*

---

[27] BGer 2C_793/2017 vom 28. Januar 2020, E. 2.2.4. m.w.H.

dend am 31. März) als auch im Jahr "n+1" (endend am 30. Juni des folgenden Kalenderjahrs) einen "Geschäftsabschluss" vorzulegen. Damit ist den handels- und vor allem auch den direktsteuerrechtlichen Vorgaben genügt. Anders verhält es sich, wenn, wie vorliegend, die Bücher nicht am 31. Dezember 2003, sondern erst am 31. Mai 2004 geschlossen werden sollen. Dann erfolgt ein Geschäftsabschluss zwar im Jahr "n+1", nicht aber im Jahr "n".[28]

Insofern stellte sich für das Bundesgericht die Frage, ob der Gesetzgeber bewusst vom Handelsrecht abweichen und eine sektorielle Verschärfung bewirken wollte. Dies hat es zumindest für die vorliegende, sanierungsbedingte Konstellation im Ergebnis verneint.

Das Bundesgericht stellte weiter fest, dass sich auch die Steuerbehörde mit ihrem Ansatz nicht an den Wortlaut des Gesetzes gehalten hatte, da sie für das Kalenderjahr 2004 nicht einen, sondern zwei Abschlüsse angenommen hatte. Sodann hätte die Konzeption der Steuerbehörde dazu geführt, dass die A. letztlich nur sechsmal zwölf Monate (d.h. 72 Monate) zur Verrechnung hätte bringen können, während die gesetzgeberische Konzeption von siebenmal zwölf Monaten (d.h. 84 Monaten) ausgeht. Explizit offen gelassen hat das Bundesgericht dabei, ob sich die Verlustverrechnungsperiode unter Umständen auch auf mehr als 84 Monate erstrecken könnte.

Da keine Anhaltspunkte dafür vorlagen, dass die A. ihre Geschäftsjahresanpassungen zwecks Steuerumgehung vorgenommen hatte, kam das Bundesgericht zum Schluss, dass die A. bundesrechtskonform einen einzigen Abschluss für den Zeitraum 1.1.2003 bis 31.5.2004, gefolgt von einem einzigen Abschluss für 1.6.2004 bis 31.12.2004 hatte vorlegen dürfen. Im Ergebnis konnten somit die Verluste von 2002 im Geschäftsjahr 2009 noch zur Verrechnung gebracht werden.

3. Entscheid in Sachen Amtshilfe an Frankreich im Fall UBS

Das Urteil 2C_653/2018 vom 26. Juli 2019 gehörte zweifellos zu den medienträchtigsten Entscheiden des Bundesgerichts im vergangenen Jahr. Dabei ging es um die Frage, ob die Schweiz in Bezug auf rund 40'000 Kontennummern bei der UBS Amtshilfe leisten muss. Während das Bundesverwaltungsgericht dies noch verneint hatte, sah das Bundesgericht dies anders.

Die französische Steuerbehörde DGFP hatte 2016 ein Amtshilfeersuchen an die EStV gerichtet. Vom Ersuchen betroffen seien gewisse, mutmasslich in Frank-

---

[28] BGer 2C_793/2017 vom 28. Januar 2020, E. 2.3.3.

reich steuerpflichtige Personen, die anhand dreier Listen von Kontonummern bei der UBS identifizierbar seien. Die Listen waren im Rahmen einer Strafuntersuchung bei einer deutschen Zweigniederlassung beschlagnahmt und an Frankreich übermittelt worden. Die Listen enthielten rund 40'000 Kontonummern von mutmasslich in Frankreich steuerpflichtigen Personen. Die DGFP ersuchte die EStV um Angaben zu den Kontoinhabern, zu anderweitig an den Konten berechtigten Personen sowie zu den Kontoständen für die Steuerjahre 2010 bis 2015.

Zunächst stellte das Bundesgericht fest, dass es sich beim Ersuchen der DGFP um ein sog. Listenersuchen handelte und nicht etwa um ein Gruppenersuchen. Letzteres identifiziere die betroffenen Personen anhand eines definierten Verhaltensmusters. Ein Listenersuchen hingegen identifiziere eine Mehrzahl von betroffenen Personen im Sinne einer Sammlung von Namen oder anderen Merkmalen wie eben Kontonummern. Allerdings seien bei Listenersuchen - ähnlich wie bei Gruppenersuchen - erhöhte Anforderungen an die Frage der voraussichtlichen Erheblichkeit des Ersuchens zu stellen, um sie von einer unzulässigen "fishing expedition" abzugrenzen.

Das Bundesgericht hatte somit unter anderem zu beurteilen, ob es sich beim vorliegenden Listenersuchen um eine unzulässige "fishing expedition" handelte. Dies hat es verneint, da die von der DGFP gemachten Angaben es erlaubten, auf den Verdacht zu schliessen, dass die betroffenen Personen zum Teil in Frankreich steuerpflichtige Personen seien, die ihren steuerlichen Verpflichtungen nicht nachgekommen waren. Dies namentlich vor dem Hintergrund, dass die fraglichen Kontonummern im Rahmen einer Strafuntersuchung in Deutschland beschlagnahmt worden waren und eigene Untersuchungen der DGFP im Zusammenhang mit teilweise zu den Kontonummern verfügbaren Namen gezeigt hatten, dass viele der in diesem Rahmen erlangten Konten ursprünglich nicht deklariert und später offengelegt worden waren. Sodann werde neben der Strafuntersuchung in Deutschland auch in Frankreich ein Strafverfahren gegen die UBS und mit ihr verbundene Personen geführt. Dabei werde der UBS unter anderem der Aufbau eines weitreichenden Steuerfluchtsystems vorgeworfen.

Schliesslich hatte das Bundesgericht den Einwand der UBS zu prüfen, wonach zu befürchten sei, dass die amtshilfeweise erlangten Informationen in das gegen sie in Frankreich laufende Strafverfahren einfliessen könnten. Dies wäre ein Verstoss gegen das sog. Spezialitätsprinzip, wonach die Vertragsstaaten zur Geheimhaltung von amtshilfeweise übermittelten Informationen verpflichtet sind. Die amtshilfeweise übermittelten Informationen dürfen nicht resp. nur unter zusätzlichen Voraussetzungen zu anderen als in dem DBA mit Frankreich genannten Zwecken verwendet werden. Das Bundesgericht befand allerdings, dass die DGFP der EStV auf Anfrage hin hinreichende Garantien abgegeben hatte, welche die Verwendung der amtshilfeweise übermittelten Informationen gegen die UBS im französischen Strafverfahren ausschlössen.

Im Ergebnis sah das Bundesgericht somit kein rechtliches Hindernis, welches eine Verweigerung der Amtshilfe hätte rechtfertigen können und erlaubte der EStV die Übermittlung der bei der UBS erhobenen Informationen.

4. Mehrwertsteuerentscheid zu ausgenommenen Finanzumsätzen

Im vergangenen Jahr hatte sich das Bundesgericht in BGE 145 II 270 (Urteil 2C_943/2017 vom 17. Juli 2019) mit dem Vermittlungsbegriff unter dem neuen Mehrwertsteuergesetz auseinanderzusetzen, welches seit 2010 in Kraft ist.

Gegenstand des Verfahrens war die mehrwertsteuerliche Einordnung des Geschäftsmodells eines in der Schweiz ansässigen Wertschriftenvermittlers ("Intermediärin"), der für Offshore-Gesellschaften ("Kooperationspartner") potenzielle (ausländische) Investoren suchte, die interessiert waren, mit dem jeweiligen Kooperationspartner einen Vertrag über den Kauf von Wertschriften einzugehen. Dabei verhandelte die Intermediärin den jeweiligen Kaufvertrag gestützt auf einen Mustervertrag, den sie mit dem Kooperationspartner vereinbart hatte. Im Falle eines Konsenses unterzeichnete der Investor den schriftlichen Kaufvertrag mit dem Kooperationspartner. Die Intermediärin erhielt sodann eine Provision vom Kooperationspartner, deren Höhe vom Volumen des Kaufvertrags abhängig war. Die Provision wurde von der Intermediärin im Rahmen der Zahlungsabwicklung des jeweiligen Investments, die sie übernahm, eingezogen.

Streitig war die Frage, ob es sich bei der beschriebenen Leistung der Intermediärin um eine Vermittlung im Bereich des Geld- und Kapitalverkehrs (Finanzbereich) im Sinne von Art. 21 Abs. 2 Ziff. 19 lit. e MWSTG handelte. Bejahendenfalls hätte es sich bei den Provisionen um einen ausgenommenen Umsatz gehandelt, der im Gegenzug auch nicht zum Vorsteuerabzug berechtigt.

Während unter der Rechtsprechung zum alten Mehrwertsteuergesetz eine Vermittlung nur im Falle einer direkten Stellvertretung angenommen wurde, hat das Bundesgericht den Vermittlungsbegriff unter dem neuen Gesetz nun in Anlehnung an die europäische Rechtsprechung weiter ausgelegt. Demnach liegt eine ausgenommene Vermittlung im Finanzbereich vor, *"wenn eine Person kausal auf den Abschluss eines Vertrages im Bereich des Geld- und Kapitalverkehrs zwischen zwei Parteien hinwirkt, ohne selber Partei des vermittelten Vertrages zu sein und ohne ein Eigeninteresse am Inhalt des Vertrages zu haben."*[29] Entsprechend hat das Bundesgericht vorliegend eine von der Steuer ausgenommene Vermittlung im Finanzbereich bejaht.

---

[29] BGer 2C_943/2017 vom 17. Juli 2019, E. 4.5.4.

Kennzeichenrecht

JULIA SCHIEBER, SYLVIA POLYDOR, NADINE BOSSHARD[*]

I. Neue Entwicklungen

Im Jahr 2019 gab es keine gesetzlichen Änderungen im Kennzeichenrecht.

Im Bereich des Schutzes der geografischen Angaben und Herkunftsangaben ist ein weiterer Staatsvertrag in Kraft getreten. Das bilaterale Abkommen zwischen der Schweiz und Georgien ist seit 1. September 2019 in Kraft.[1] Die in den Anhängen des Abkommens aufgeführten georgischen Herkunftsangaben und geografischen Angaben erfahren in der Schweiz den entsprechenden Schutz.

1. Praxisänderungen des IGE im Jahr 2019

Das Institut für Geistiges Eigentum hat seine Praxis per 1. Juli 2019 aufgrund von zwei bereits vor einiger Zeit ergangenen Entscheiden des BVGer wie folgt angepasst:[2]

1.1 Weniger strikte Beurteilung als beschreibende Angabe bei einem Hinweis eines Zeichens auf die Form der Ware

Gemäss früherer Praxis hat das IGE Hinweise auf die Form der Waren als beschreibende Angaben schon dann zurückgewiesen, wenn die fragliche Form für die betroffenen Waren zwar nicht üblich, aber doch möglich und jedenfalls nicht unerwartet war.

Folgend auf das Urteil des BVGer vom 27. Juli 2018[3] lockerte das IGE nun seine Praxis dahingehend, dass eine Zurückweisung nur dann erfolgen soll,

---

[*] Bearbeitet von Dr. iur. Julia Schieber, Rechtsanwältin, Sylvia Polydor, Rechtsanwältin, Nadine Bosshard, CEMS MIM, Rechtsanwältin.
[1] Abkommen zwischen der Schweizerischen Eidgenossenschaft und Georgien über die gegenseitige Anerkennung und den Schutz der geografischen Angaben, Ursprungsbezeichnungen und Herkunftsangaben (SR 0.232.111.193.60).
[2] IGE Newsletter 2019/07 Marken vom 9. Juli 2019.

wenn die Form für die betroffenen Waren (allgemein) üblich ist oder einen verwendungsmässigen Vorteil darstellt.[4]

1.2 Keine Berücksichtigung des Kaufkriteriums bei Marken mit Farbbezeichnungen

Bei der Beurteilung, ob ein beschreibender Charakter eines Zeichens vorliegt, das aus einer Farbbezeichnung besteht oder eine solche enthält, berücksichtigt das IGE abstellend auf das Urteil des BVGer vom 3. Oktober 2017 nicht mehr, ob die Farbe für die betroffenen Waren ein Kaufkriterium darstellt.[5]

Eine Zurückweisung aufgrund beschreibenden Charakters erfolgt neu grundsätzlich nur, wenn die fragliche Farbe charakteristisch bzw. typisch für die beanspruchten Waren ist. Dies ist dann der Fall, wenn die fragliche Farbe im Zusammenhang mit den beanspruchten Waren mehr als andere Farben vertreten ist.[6]

II. Rechtsprechung

1. "Zurich" für Versicherungs- und Immobilienwesen - kein absolutes Freihaltebedürfnis[7]

Ist die Bezeichnung "Zurich" freihaltebedürftig, und wenn ja, wofür? In seinem Entscheid vom 21. Januar 2019 hatte das Handelsgericht Zürich darüber zu entscheiden, ob zwischen der Firma "Zurich Real Estate AG" (Beschwerdegegnerin) und der Firma "Zurich Insurance Company Ltd" (Beschwerdeführerin) aufgrund der in beiden Firmen enthaltenen Ortsbezeichnung "Zurich" eine Verwechslungsgefahr besteht. Die Beschwerdeführerin stützte ihren Anspruch auf Unterlassung der Firmenbenutzung auf Firmen-, Namens-, Marken- und Lauterkeitsrecht. Im Rahmen all dieser Rechtsgrundlagen ist die zentrale Frage, ob eine Verwechslungsgefahr besteht. Das Handelsgericht Zürich bejahte diese Frage und hiess die Klage gut.

---

[3] Urteil des BVGer B-7402/2016 vom 27. Juli 2018 – KNOT E. 6.
[4] Anpassung der Richtlinien des IGE, Teil 5, Ziff. 4.4.2.7.3.
[5] Urteil des BVGer B-7196/2015 vom 3. Oktober 2017 – Magenta E. 4.3.
[6] Anpassung der Richtlinien des IGE, Teil 5, Ziff. 4.4.2.7.8.
[7] HGer ZH vom 21. Januar 2019 (HG160205-O).

Zunächst hielt das Handelsgericht fest, dass der Begriff der Verwechslungsgefahr nach bundesrechtlicher Rechtsprechung für das gesamte Kennzeichenrecht – wozu auch das lauterkeitsrechtliche Kennzeichenrecht zu zählen ist – einheitlich auszulegen ist. Allerdings können im Rahmen der Prüfung, ob eine Verwechslungsgefahr tatsächlich vorliegt, je nach Rechtsgebiet andere Umstände berücksichtigt werden.

Entscheidend stellte das Handelsgericht Zurich darauf ab, dass das prominent am Anfang der beiden Firmen stehende Wort "Zurich" der charakteristische und damit prägende Bestandteil beider Firmen sei. Die tätigkeitsbeschreibende Sachbezeichnungen "Insurance Company" bzw. "Real Estate" treten demgegenüber in den Hintergrund und stellen lediglich schwache Firmenbestandteile dar. Bei den massgeblichen Verkehrskreisen entstünde dadurch der Eindruck, es handle sich um miteinander verbundene Unternehmen, so dass eine mittelbare Verwechslungsgefahr bestehe.

Den Einwand der Beschwerdegegnerin, bei "Zurich" handele es sich um eine freihaltebedürftige Ortsbezeichnung, die im Gemeinwohl stehe und mithin nicht monopolisiert werden dürfe, wies das Handelsgericht Zürich zurück. Es führte an, dass sich das Zeichen "Zurich" aufgrund der über 130-jährigen Benutzung sowie der Grösse und wirtschaftlichen Bedeutung der Beschwerdeführerin im Verkehr durchgesetzt habe. Ein absolutes Freihaltebedürfnis bestehe nicht. Im Ergebnis bejahte das Handelsgericht Zürich einen Anspruch auf Unterlassen aus Art. 956 Abs. 2 OR, Art. 13 Abs. 1 und Abs. 2 lit. e MSchG i.V.m. Art. 55 Abs. 1 lit. b MSchG sowie Art. 9 Abs. 1 lit. a UWG.

Im Ergebnis ist dem Entscheid des Handelsgerichts Zürich zuzustimmen. Allerdings überrascht die kurze Begründung, mit der das Handelsgericht Zürich das Bestehen eines absoluten Freihaltebedürfnisses für das Zeichen "Zurich" verneint. Das Argument, dass es sich bei dem Zeichen "Zurich" nicht um den deutschen, sondern um den englischen Ortsnamen der Stadt Zürich handelt, überzeugt jedenfalls nicht. Zum einen wird "Zurich" auch im Französischen und damit in einer der Landessprachen verwendet. Zum anderen ist den massgeblichen Schweizer Verkehrskreisen der englische Begriff "Zurich" für "Zürich" ohne Weiteres geläufig. Die Beschwerdeführerin führte im Nachgang zu diesem Entscheid in ihrer Firma die deutsche Version "Zürich". Ist das nun wirklich unterscheidungskräftig genug? Dies darf bezweifelt werden. Eine erneute Beurteilung ist jedoch kaum zu erwarten, da die "Zürich Real Estate AG" nun in Liquidation ist.

2. Zivilrechtliche Ansprüche des Markeninhabers beim Import markenverletzender Ware zum privaten Gebrauch[8]

Das Bundesgericht hat sich im Winter 2019 mit einem Sachverhalt beschäftigt, der vielen Markeninhabern nur zu gut bekannt sein dürfte: Die Eidgenössische Zollverwaltung hielt die an eine Privatperson adressierte Sendung mit Uhren aufgrund des Verdachts auf Fälschung zurück. Nachdem daraufhin die Markeninhaberin die mit dem Zeichen "ROLEX" versehen Uhren als Fälschungen identifiziert hatte, erhob sie Klage gegen die Privatperson beim Handelsgericht Zürich. Nebst der Einziehung und Vernichtung der Uhren stellte die Markeninhaberin ein Unterlassungs- sowie ein Auskunftsbegehren.

Konkret forderte die Markeninhaberin unter anderem, dass dem Beklagten zu verbieten sei, Uhren, Uhrenteile und Accessoires, die mit einer "ROLEX"-Marke gekennzeichnet sind und nicht von Rolex stammen, einzuführen. Ferner forderte sie, dass der Beklagte zu verpflichten sei, Angaben zu machen über: Herkunftsland und Zeitpunkt der Einfuhr; Name und Adresse der Hersteller, Lieferanten, Kontaktpersonen und Vorbesitzer der Gegenstände sowie den Kaufpreis der Fälschungen.

Das Handelsgericht des Kantons Zürich ordnete daraufhin die Einziehung und Vernichtung der zurückbehaltenen Uhren durch die Eidgenössische Zollverwaltung an, wies jedoch die erhobene Unterlassungs- und Auskunftsklage ab. Es begründete seinen Entscheid im Kern damit, dass der Gesetzgeber bei der Einführung von Art. 13 Abs. 2bis MSchG (Ein-, Aus- oder Durchfuhr markenverletzender Ware zum privaten Gebrauch) ausschliesslich ein Vorgehen nach Art. 72 ff. MSchG – also das Zurückbehalten von Waren durch die Zollverwaltung – vorgesehen hatte. Indes habe es nicht dem Willen des Gesetzgebers entsprochen, in diesem Zusammenhang sämtliche zivilrechtlichen Klageansprüche zuzulassen. Entsprechend könne der Markeninhaber gegen den privat handelnden Konsumenten keine Unterlassungs-, Beseitigungs- oder sonstigen zivilrechtlichen Ansprüche aus Art. 55 und 57 MSchG geltend machen.[9] Die Markeninhaberin gelangte daraufhin mit Beschwerde an das Bundesgericht.

Das Bundesgericht nahm eine detaillierte Auslegung von Art. 13 Abs. 2bis MSchG sowie dem Verhältnis von Art. 13. Abs. 2bis MSchG zu den zivilrechtlichen Rechtsbehelfen in Art. 55 MSchG vor. Es kam basierend darauf zum Schluss, dass dem Markeninhaber auch dann einschränkungslos alle zivilrechtli-

---

[8] BGer 4A_379/2019 vom 4. Dezember 2019 (zur Publikation vorgesehen).
[9] HGer ZH vom 5. Juni 2019 (HG180077-O, E. 5.2).

chen Ansprüche zustehen, wenn die Ein-, Aus- oder Durchfuhr von gewerblich hergestellten Waren zu privaten Zwecken erfolgt.

Das Bundesgericht prüfte nachfolgend die Zulässigkeit der Unterlassungsklage im konkreten Fall. Ein rechtlich geschütztes Interesse an einer Unterlassungsklage besteht nur dann, wenn eine Verletzung droht, d.h. wenn das Verhalten des Beklagten die künftige Rechtsverletzung ernsthaft befürchten lässt, bspw. bei Wiederholungsgefahr. Grundsätzlich kann Wiederholungsgefahr regelmässig angenommen werden, wenn der Verletzter die Widerrechtlichkeit des beanstandeten Verhaltens bestreitet. Der Sachverhalt im vorliegenden Fall war jedoch besonders gelagert, da der Beschwerdegegner nicht bestritt, dass die Einfuhr der fraglichen Uhren eine Markenrechtsverletzung darstellt. Er brachte vor, da die im Internet angebotenen Uhren ohne Markenbezeichnung abgebildet gewesen seien, habe er nicht damit rechnen müssen, dass Uhren *mit* den "ROLEX"-Zeichen geliefert würden. Das Handelsgericht stellte somit fest, dass es dem Beschwerdegegner nicht nachgewiesen werden kann, dass er gefälschte "ROLEX"-Uhren in die Schweiz habe einführen wollen. Basierend auf diesem, von der Vorinstanz verbindlich festgestellten, Sachverhalt folgte das Bundesgericht der Auffassung des Handelsgerichts, dass es dem Markeninhaber am notwendigen Rechtsschutzinteresse für ein Unterlassungsbegehren fehle.

Da das Handelsgericht sich zum geltend gemachten Auskunftsbegehren der Markeninhaberin nicht geäussert hatte, wies das Bundesgericht die Sache zur Neubeurteilung zurück. Der entsprechende Entscheid des Handelsgerichts bleibt abzuwarten.

Insgesamt überzeugen die Ausführungen des Bundesgerichts und der Entscheid ist zu begrüssen. Der Import von Markenfälschungen durch Privatpersonen wird durch den zunehmend an Popularität gewinnenden Einkauf von Waren im Ausland über das Internet erleichtert. Nebst den anderen verfügbaren zivilrechtlichen Rechtsbehelfen, gibt insbesondere die Möglichkeit zur Identifikation von gewerbsmässig operierenden Anbietern mittels Auskunftsbegehren den Inhabern von Schweizer Markenrechten eine bessere Handhabe zur Bekämpfung von Fälschungen.

3. Wofür steht "Apple"? Zum Sprachwandel bei berühmten Marken[10]

Denken Schweizer Verbraucher beim Wort "Apple" an Äpfel oder an das US-Technologieunternehmen Apple Inc.? Mit dieser Frage hatte sich im Kern das Bundesgericht in seinem Entscheid vom 9. April 2019 zu befassen.

Das IGE hatte die Eintragung der Marke "Apple" für einen Teil der beanspruchten Waren der Klassen 14 und 28 abgelehnt. Es stellte sich auf den Standpunkt, das Zeichen gehöre für Schmuckwaren, Spiele und elektronische Spiele zum Gemeingut, da es von den Verkehrskreisen - aus dem Englischen mit "Apfel" übersetzt - als beschreibender Hinweis auf die Ausstattung und/oder den thematischen Inhalt dieser Waren, nicht aber als betrieblicher Herkunftshinweis aufgefasst werde. Hiergegen wendete sich die Beschwerdeführerin an das Bundesverwaltungsgericht, das die Beschwerde für bestimmte Waren der Klasse 14 guthiess und die Beschwerde im Übrigen abwies.

Das Bundesgericht entschied, dass das Zeichen "Apple" vom durchschnittlichen Konsumenten infolge der überragenden Bekanntheit der Marke "Apple" für Schmuckwaren, Spiele und elektronische Spiele nicht im Sinne von "Apfel", d.h. als Hinweis auf eine Obstsorte, verstanden wird, sondern vielmehr als ein unmittelbarer Hinweis auf das Unternehmen Apple Inc. Das Bundesgericht stellte fest, dass bei der Beurteilung der originären Unterscheidungskraft im Eintragungsverfahren vom *aktuellen tatsächlichen* Verständnis der massgebenden Verkehrskreise auszugehen ist. Zwar wird das aktuelle tatsächliche Verständnis der massgebenden Verkehrskreise in den allermeisten Fällen mit der lexikalischen Bedeutung übereinstimmen. Allerdings kann es sein, dass ein Wort des allgemeinen Sprachschatzes in ausserordentlichen Ausnahmefällen derart mit einem Unternehmen in Verbindung gebracht wird, dass dieses den Sinngehalt des Wortes (mit)bestimmt. Dies ist nach dem Bundesgericht bei dem Zeichen "Apple" der Fall. Dementsprechend entschied das Bundesgericht, dass das Zeichen "Apple" für Schmuckwaren, Spiele und elektronische Spiele in den Klassen 14 und 28 nicht beschreibend, sondern originär unterscheidungskräftig ist. Die Vorinstanz hatte die Eintragung der Marke "Apple" in den Klassen 14 und 28 zu Unrecht unter Verletzung von Art. 2 lit. a MSchG abgelehnt.

Dieser Entscheid eröffnet die Möglichkeit, eine Marke auch für Waren und Dienstleistungen zu schützen, für die das Zeichen nach seinem lexikalischen Sinngehalt an sich beschreibend wäre – und zwar unabhängig von einer Verkehrsdurchsetzung aufgrund Vorbenutzung, d.h. selbst für Waren und Dienst-

---

[10] BGE 145 III 178.

leistungen, für die die Marke bislang noch nicht benutzt wurde. Voraussetzung ist allerdings eine überragende Bekanntheit der Marke, sodass zu erwarten ist, dass nur wenige Markeninhaber von dieser Rechtsprechung profitieren werden.

Auch wenn der Entscheid des Bundesgerichts einige Fragen offenlässt (z.B. die Frage, ob die Rechtsprechung für jede berühmte Marke i.S.d. Art. 15 MSchG gilt oder ob ein höherer Massstab anzulegen ist) und daher kontrovers aufgefasst wurde, ist es zu begrüssen, dass das Bundesgericht vom *aktuellen tatsächlichen* Verständnis der massgebenden Verkehrskreise ausgeht und nicht starr an der lexikalischen Bedeutung festhält (die im Übrigen ihrerseits auch dem Wandel des Sprachgebrauchs unterliegt). Nur so kann festgestellt werden, ob dem Zeichen tatsächlich die Unterscheidungskraft fehlt und es nach Art. 2 lit. a MSchG vom Markenschutz ausgeschlossen ist.

Urheber- und Designrecht

EVA-MARIA STROBEL, SANDRA MARMY-BRÄNDLI[*]

I. Gesetzgebung

1. Designrecht

Das Bundesgesetz über den Schutz von Design (DesG) hat im Jahr 2019 keine Änderungen erfahren.

2. Urheberrecht

Die Revision des Bundesgesetzes über das Urheberrecht und verwandte Schutzrechte (URG) konnte im Jahr 2019 abgeschlossen werden. Die Referendumsfrist ist am 16. Januar 2020 abgelaufen und es ist davon auszugehen, dass das revidierte Urheberrechtsgesetz im Frühjahr 2020 in Kraft treten wird.

Das revidierte Urheberrechtsgesetz bringt verschiedene, bedeutende Änderungen mit sich. So besteht für gewisse Host-Provider neu eine Verpflichtung, dafür zu sorgen, dass ein bereits einmal rechtswidrig zugänglich gemachtes Werk nicht erneut widerrechtlich zugänglich gemacht wird. Diese Pflicht trifft nicht alle Host-Provider, sondern lediglich diejenigen, welche eine besondere Gefahr von Rechtsverletzungen schaffen. Zudem wird vorausgesetzt, dass das geschützte Werk bereits zuvor über dieselbe Plattform widerrechtlich Dritten zugänglich gemacht wurde und der Host-Provider auf diese Tatsache hingewiesen wurde.[1]

Es wird demnach eine sog. "Stay-Down Pflicht" für gewisse Host-Provider geschaffen. Damit soll den Rechtsinhabern ein effektiveres Werkzeug zur Hand

---

[*] Bearbeitet von Eva-Maria Strobel, EMLE, Rechtsanwältin und Dr. iur. Sandra Marmy-Brändli, Rechtsanwältin.

[1] In der Botschaft wird diesbezüglich festgehalten, dass der Hinweis mittels einer elektronischen Meldung erfolgen könne. Die Meldung solle sowohl die Rechtsverletzung erörtern als auch genügende Angaben zur Identifizierung des konkreten Werkes liefern (BBl 2018 636).

gegeben werden, um die rechtswidrige Zugänglichmachung und Verbreitung ihrer Werke auf illegalen Streaming-Portalen und Tauschbörsen zu verhindern.

Obwohl von der neuen Bestimmung im Kern vornehmlich eigentliche Piraterie-Plattformen erfasst werden sollen, wird es in der Praxis wohl nicht immer ganz einfach sein zu bestimmen, ob ein Host-Provider tatsächlich von der neuen Pflicht betroffen ist, da das Gesetz diesbezüglich auf den unbestimmten Rechtsbegriff der "Schaffung einer besonderen Gefahr für Rechtsverletzungen" abstellt. Ein besonderes Gefährdungspotential kann gemäss dem Gesetzeswortlaut insbesondere in der technischen Funktionsweise der Plattform bestehen oder in deren wirtschaftlichen Ausrichtung (Art. 39d revURG). Elemente, welche für ein besonderes Gefährdungspotential sprechen, sind gemäss Botschaft bspw. eine Häufung von Verlinkungen auf urheberrechtsverletzende Inhalte, eine ungewöhnlich hohe Anzahl berechtigter Anzeigen von Urheberrechtsverletzungen, eine technische Ausgestaltung, welche es Nutzern ermöglicht rechtswidrige Inhalte und Links schnell und ohne Aufwand wieder über den Dienst zugänglich zu machen.[2] Für eine wirtschaftliche Ausrichtung, welche Rechtsverletzungen begünstigt sprechen sodann Bonusgutschriften oder andere Vergünstigungsmodelle im Fall von hohen Zugriffs- oder Downloadzahlen.[3]

Fällt ein Host-Provider unter die neue "Stay-Down Pflicht", so hat er diejenigen Massnahmen zu treffen, die ihm unter Berücksichtigung seines konkreten Gefährdungspotentials technisch und wirtschaftlich zuzumuten sind (Art. 39d Abs. 2 revURG). Je nach Speicherkapazität, Grösse und Professionalität des Hosting-Dienstes, bestehen unterschiedlich umfassende Überwachungsmassnahmen. Zusammengefasst wird den betroffenen Host-Providern mit der neuen Stay-Down Pflicht somit eine eingeschränkte Überwachungspflicht auferlegt. Trifft der in Frage stehende Host-Provider keine oder ungenügende Massnahmen, so stehen den Rechtsinhabern die Leistungsklagen nach Art. 62 URG offen (Art. 62 Abs. 1bis revURG).

Eine weitere erhebliche Abweichung vom bisherigen Urheberrechtsgesetz ergibt sich sodann durch die Einführung eines neuen Urheberrechts an nicht-individuellen Fotografien dreidimensionaler Objekte (Art. 2 Abs. 3bis revURG). Dieses neue und kontrovers diskutierte Recht[4] soll die unbefriedigende Situation für Fotografen beseitigen, welche sich aus der bisherigen Rechtsprechung in

---

[2] BBl 2018 636.

[3] BBl 2018 636 ff.

[4] Vgl. bspw. PETER MOSIMANN/YANNICK HOSTETTLER, Zur Revision des Urheberrechtsgesetzes, in: recht 2018, S. 123 ff., S. 125 ff.

Bezug auf die Individualität fotografischer Werke ergibt.[5] Mit dem neuen Recht wird die rechtliche Stellung der Urheber von Fotografien dreidimensionaler Objekte erheblich verbessert, da solche Fotografien neu auch dann Urheberrechtsschutz geniessen, wenn sie keinen individuellen Charakter besitzen. Immer noch vorausgesetzt wird jedoch, dass es sich um eine geistige Schöpfung handelt und ein Schöpfungswille vorliegt.[6] Vorbild für das neu eingeführte Recht war insbesondere der in Deutschland bestehende Lichtbildschutz. Anders als beim deutschen Vorbild handelt es sich beim neuen Urheberrecht für Fotografien von dreidimensionalen Objekten nicht um ein Leistungsschutzrecht, sondern um ein tatsächliches "Urheberrecht", d.h. den Fotografen solcher nichtindividueller Fotografien stehen dieselben Ausschliesslichkeitsrechte nach Art. 9-11 URG zu, wie jedem anderen Urheber. Eine Ausnahme ergibt sich einzig in Bezug auf die Schutzdauer, welche lediglich 50 Jahre seit der Herstellung der Fotografie beträgt (Art. 29 Abs. 2 lit. a^{bis} revURG).

Neu werden zudem sogenannte erweiterte Kollektivlizenzen eingeführt (Art. 43a revURG). Die erweiterten Kollektivlizenzen sollen es den Verwertungsgesellschaften erlauben in Bereichen, in denen sie nicht der Bewilligungspflicht von Art. 41 URG unterstehen und welche nicht in den Anwendungsbereich der Urheberrechtsschranken fallen[7], die ausschliesslichen Rechte für die Verwendung einer grösseren Anzahl veröffentlichter Werke auch für Rechtsinhaber geltend zu machen, welche nicht von ihr vertreten werden, sofern dadurch die normale Verwertung der Werke und geschützten Leistungen nicht beeinträchtigt wird und die Verwertungsgesellschaft im genannten Bereich eine massgebende Anzahl von Rechtsinhabern vertritt und damit für den entsprechenden Nutzungsbereich repräsentativ ist. Die Verwertungsgesellschaften sind verpflichtet die erweiterten Kollektivlizenzen in geeigneter Weise zu veröffentlichen (Art. 43a Abs. 3 revURG). Den Rechtsinhabern wird sodann ein sog. "Opt-out" Recht zugestanden, d.h. sie können von der Verwertungsgesellschaft verlangen, dass ihre Rechte von einer bestimmten Kollektivlizenz ausgenommen werden (Art. 43a Abs. 4 revURG). Die Vorschriften über die Tarife und die Aufsicht über die Tarife finden keine Anwendung auf die erweiterten Kollektivlizenzen (Art. 43a Abs. 5 revURG).

---

[5] BGE 130 III 168 "Bob Marley"; BGE 130 III 714 "Meili"; Urteil des HGer Aargau vom 29. August 2012 "Hayek", in: sic! 2012, S. 344 ff.

[6] Gl.M. MOSIMANN/HOSTETTLER, a.a.O., S. 127.

[7] Diese Bereiche sind der Dispositionsbefugnis der Berechtigten entzogen. Eine Ausnahme stellt einzig Art. 22b Abs. 5 revURG dar (Verwendung einer grösseren Anzahl verwaister Werke auf der Grundlage von Werkexemplaren aus Beständen), auf den die Bestimmung über die erweiterten Kollektivlizenzen gemäss ausdrücklichem Gesetzeswortlaut zur Anwendung kommt.

Erweiterte Kollektivlizenzen sollen Massennutzungen, an denen ein öffentliches Interesse besteht, in Situationen ermöglichen, in denen die Einholung der erforderlichen Lizenzen an unzumutbaren Transaktionskosten scheitern würde. Als Beispiel für den Anwendungsbereich der erweiterten Kollektivlizenz werden in der Botschaft insbesondere Archivnutzungen genannt.[8]

Für das Zugänglichmachen audiovisueller Werke sieht das revidierte Urheberrechtsgesetz eine zwingende Kollektivvergütung vor (Art. 13a revURG und Art. 35a revURG). Hiermit soll im Bereich der Online-Nutzungen der sog. Value-Gap geschlossen werden, der sich daraus ergibt, dass Online-Nutzungen zwar stark zunehmen, nicht jedoch die den Kulturschaffenden aus den Online-Nutzungen zufliessenden Vergütungen.[9] Durch die neue zwingende Kollektivverwertung für die Zugänglichmachung audiovisueller Werke soll sichergestellt werden, dass ein Teil der Einnahmen aus den Online-Nutzungen audiovisueller Werke an die Kulturschaffenden zurückfliesst. Die in Tarifen festzusetzenden an die Verwertungsgesellschaften zu bezahlenden Vergütungen können sich gemäss Botschaft entweder an den Abonnementeinnahmen oder an den Werbeeinnahmen der Online-Nutzungsplattformen orientieren.[10]

Sodann hat der Gesetzgeber die Urheberrechtsschranken angepasst. Nennenswert ist insbesondere die neue Schranke zum Zweck der wissenschaftlichen Forschung (Art. 24d revURG). Danach sind Vervielfältigungen zum Zweck der wissenschaftlichen Forschung dann zulässig, wenn sie durch ein technisches Verfahren bedingt sind und ein rechtmässiger Zugang zu den zu vervielfältigenden Werken besteht. Die Schranke soll insbesondere das Text- und Data Mining ermöglichen. Erweitert wurde sodann die Schranke für verwaiste Werke. Sie soll neu auf sämtliche Werkkategorien Anwendung finden (Art. 22b revURG). Zuletzt wurde die Schutzdauer der Rechte der ausübenden Künstler und der Hersteller von Ton- oder Tonbildträger von 50 Jahren auf 70 Jahre ausgedehnt (Art. 39 Abs. 1 revURG).

---

[8] BBl 2018 640.
[9] BBl 2018 611.
[10] BBl 2018 621.

II. Rechtsprechung

1. Streamen und streamen lassen - Keine Haftung von Internet Access Providern für Urheberrechtsverletzungen Dritter[11]

In seinem Entscheid vom 8. Februar 2019 musste das Bundesgericht über die Frage der Haftung von Internet Access Providern für Urheberrechtsverletzungen Dritter entscheiden. Im zu beurteilenden Fall klagte eine Schweizer Filmproduktions- und Filmverleihgesellschaft gegen die Swisscom. Die Klägerin verlangte von der Swisscom als Internet Access Providerin, dass sie verschiedene Webseiten sperren solle, da auf den genannten Webseiten Filme ohne die Zustimmung der Rechtsinhaber zugänglich gemacht würden. Nachdem das Handelsgericht Bern die Klage abgewiesen hatte, gelangte die Klägerin ans Bundesgericht.

In seinem Entscheid hält das Bundesgericht vorab fest, dass eine Teilnahme an Urheberrechtsverletzungen grundsätzlich nach Art. 50 OR zu beurteilen sei. Das Bundesgericht beendet damit die lange Zeit in der Lehre diskutierte Frage nach der Grundlage für die Teilnahmehaftung an Urheberrechtsverletzungen.[12] Vorausgesetzt wird für eine Haftung eine rechtswidrige Haupttat, ein relevanter Tatbeitrag (in Form einer Erleichterung oder Begünstigung der Haupttat) sowie ein adäquater Kausalzusammenhang zwischen dem Tatbeitrag und der Haupttat.

Sodann unterscheidet das Bundesgericht zwischen der Haftung der Swisscom für die Handlungen der Internet-Nutzer und der Haftung für die Handlungen der Host-Provider.

In Bezug auf das Verhalten der Internet-Nutzer, d.h. das Herunterladen oder "Streamen" von Filmen, welche ohne Zustimmung der Rechtsinhaber zugänglich gemacht wurden, bestätigt das Bundesgericht, dass ein solches "Streamen" oder "Herunterladen" auch dann unter die Schranke des Eigengebrauchs fällt, wenn der "gestreamte" oder heruntergeladene Film ohne Zustimmung des Rechtsinhabers öffentlich zugänglich gemacht wurde.[13] Anders als in anderen

---

[11] BGer 4A_433/2018 vom 8. Februar 2019.

[12] Vgl. beispielhaft hierzu CYRILL RIGAMONTI/MARC WULLSCHLEGER, Zur Teilnahme an Urheberrechtsverletzungen, in: sic! 2018, S. 47 ff.; FLORIAN SCHMIDT-GABAIN, Die Passivlegitimation bei Unterlassungs- und Beseitigungsansprüchen nach Art. 62 Abs. 1 lit. a und b URG - insbesondere bei Urheberrechtsverletzungen im Internet, in: sic! 2017, S. 451 ff.; CYRILL RIGAMONTI, Providerhaftung - auf dem Weg zum Urheberverwaltungsrecht, in: sic! 2016, S. 117 ff.

[13] Die Eigengebrauchsschranke erlaubt private Vervielfältigungen im persönlichen Bereich und im Kreis von untereinander eng verbundenen Personen (Art. 19 URG).

europäischen Ländern bleibt demnach in der Schweiz das "Streamen" und Herunterladen von Filmen auch dann zulässig, wenn diese von einer unzulässigen Quelle "gestreamt" oder heruntergeladen werden. Bei den Handlungen der Internet-Nutzer liegt demnach schon gar keine rechtswidrige Haupttat vor, weshalb auch eine Teilnahme der Swisscom ausser Betracht fällt.

In einem zweiten Schritt prüft das Bundesgericht, ob die Swisscom für die Handlungen der Plattformbetreiber, Host-Provider und Uploader haftet, welche die Filme ohne Zustimmung der Rechtsinhaber online zugänglich machen. Die Handlungen der Plattformbetreiber, Host-Provider und Uploader stellen nach Ansicht des Bundesgerichtes eine Urheberrechtsverletzung dar. Eine rechtswidrige Haupttat liegt somit vor. Nicht gegeben ist nach Ansicht des Bundesgerichtes hingegen der adäquate Kausalzusammenhang, da die Swisscom ihren Kunden einzig den Zugang zum weltweiten Internet zur Verfügung stellt und ansonsten in keiner besonderen Beziehung zu den Plattformbetreibern, Host-Providern und Uploadern steht. Damit ist die Nähe der Swisscom zu den in Frage stehenden Urheberrechtsverletzungen zu gering als noch von einem adäquaten Kausalzusammenhang gesprochen werden könnte.

Zusammengefasst lehnt das Bundesgericht somit die Haftung von Access Providern für Urheberrechtsverletzungen ab, welche durch die Betreiber von illegalen Movie Streaming-Seiten begangen werden, da die Vermittlung des Internet-Zugangs alleine nach Ansicht des Bundesgerichtes nicht genügt, um von einem konkreten Tatbeitrag oder einem adäquaten Kausalzusammenhang sprechen zu können. Im revidierten Urheberrechtsgesetz wurde darauf verzichtet, eine Haftung von Access Providern für Rechtsverletzungen Dritter einzuführen, worauf das Bundesgericht in seinem Entscheid ausdrücklich hinweist.[14]

2. Urheberpersönlichkeitsrechte sind im Vergaberecht grundsätzlich nicht zu beachten - Bau-Erweiterungsprojekt Bahnhof Zürich Stadelhofen[15]

Das Bundesverwaltungsgericht hatte in seinem Zwischenentscheid vom 4. Februar 2019 darüber zu entscheiden, ob einer Beschwerde gegen die Ausschreibung der SBB für die Vergabe eines Bau-Erweiterungsprojektes des Bahnhof Zürich Stadelhofens die aufschiebende Wirkung zu erteilen sei, weil

---

[14] BGer 4A_433/2018 vom 8. Februar 2019 E. 2.3.2. Während im ursprünglichen Revisionsentwurf zum Urheberrechtsgesetz noch eine Haftungsbestimmung für Access Provider vorgesehen war, wurde diese im Verlauf der Revisionsarbeiten wieder gestrichen.

[15] BVGer Entscheid B-6588/2018 vom 4. Februar 2019.

die Ausschreibung zu einer potentiellen Verletzung der Urheberpersönlichkeitsrechte des berühmten Architekten Santiago Calatrava führen könnte. Konkret hatte der Architekt Santiago Calatrava gegen die Ausschreibung der SBB zur Erweiterung des Bahnhofs Stadelhofen beim Bundesverwaltungsgericht Beschwerde eingelegt und die aufschiebende Wirkung der Beschwerde beantragt. Calatrava, Architekt des ursprünglichen Bauwerkes machte geltend, dass die Ausschreibung zu einer Entstellung seines Bauwerkes im Sinne von Art. 11 Abs. 2 URG führe und daher zu einer Verletzung seiner Urheberpersönlichkeitsrechte.

Das Bundesverwaltungsgericht lehnte den Antrag auf aufschiebende Wirkung der Beschwerde ab, da es die Beschwerde nach einer prima facie Würdigung für offensichtlich unbegründet erachtete. Es führte aus, dass die Frage, ob die Ausschreibung u.U. die Urheberpersönlichkeitsrechte von Santiago Calatrava verletze nicht im Rahmen des Vergabeverfahrens zu prüfen sei. Die Frage, ob dem Architekten ein Unterlassungsanspruch zustehe, sei vom Zivilrichter zu klären. Das Bundesverwaltungsgericht als Beschwerdeinstanz in Vergabesachen sei für die Beurteilung einer möglichen Urheberrechtsverletzung sachlich nicht zuständig, auch nicht vorfrageweise. Die Tatsache, dass sich das Bauprojekt u.U. aufgrund einer Verletzung der Urheberrechte nicht umsetzen lasse, stelle keinen Rechtsfehler der Ausschreibung dar.

Es bleibt abzuwarten, wie gegebenenfalls ein Zivilgericht entscheiden wird.

Wettbewerbsrecht

BORIS WENGER, PHILIPPE M. REICH[*]

I. Neue Entwicklungen

1. Unlauterer Wettbewerb

1.1 Gesetzesänderung

Im Berichtsjahr erfolgten keine Änderungen des Bundesgesetzes gegen den unlauteren Wettbewerb (UWG). Zu erwähnen ist aber eine Änderung der Preisbekanntgabeverordnung (PBV). Per 1. Januar 2019 trat eine neue Ausnahme zur Grundpreisbekanntgabepflicht für Fertigpackungen von Arzneimitteln der Abgabekategorien A und B in Kraft (vgl. Art. 5 Abs. 3 lit. j PBV).

1.2 Politische Verstösse

Im Berichtsjahr wurden im Bereich des Lauterkeitsrechts keine bedeutenden politischen Vorstösse eingereicht.

2. Kartelle und Wettbewerbsbeschränkungen

2.1 Keine relevanten Gesetzesänderungen

Im Berichtsjahr erfolgten keine Änderungen des Kartellgesetzes und des relevanten Verordnungsrechts.

---

[*] Bearbeitet von RA Boris Wenger, J.S.M, Rechtsanwalt, und RA Philippe M. Reich, LL.M, Rechtsanwalt. Die Autoren danken Frau MLaw Franca Steiger für die ausgezeichnete Unterstützung beim Verfassen dieses Beitrags.

2.2 Politische Verstösse

Der Bundesrat hat am 29. Mai 2019 die Botschaft zur Volksinitiative "Stopp der Hochpreisinsel - für faire Preise (Fair-Preis-Initiative)" und zum indirekten Gegenvorschlag (Änderungen des Kartellgesetzes) erlassen.[1] Mit dieser Botschaft beantragte der Bundesrat die Volksinitiative zur Ablehnung und unterbreitete gleichzeitig einen indirekten Gegenvorschlag zur Änderung des Kartellgesetzes. Der indirekte Gegenvorschlag greift das von der Initiative vorgeschlagene Konzept der relativen Marktmacht auf, begrenzt den Anwendungsbereich aber auf Abschottungen des Schweizer Marktes und schliesst damit reine Binnensachverhalte aus. Zur Vermeidung von internationalen Wettbewerbsverzerrungen sollen von absolut oder relativ marktbeherrschenden Unternehmen abhängige Unternehmen Waren und Dienstleistungen im Ausland zu den dort praktizierten Preisen beziehen können. Dies soll Schweizer Unternehmen Parallelimporte aus dem Ausland erleichtern und damit Wettbewerbsnachteile gegenüber der ausländischen Konkurrenz vermeiden. Der indirekte Gegenvorschlag sieht kein Verbot des privaten Geoblockings vor.

2.3 Erläuterungen zu vertikalen Abreden im Kraftfahrzeugsektor

Am 9. September 2019 publizierte die Wettbewerbskommission (WEKO) neue Erläuterungen zur Bekanntmachung über die wettbewerbsrechtliche Behandlung von vertikalen Abreden im Kraftfahrzeugsektor (KFZ-Bekanntmachung) vom 29. Juni 2015. Die Erläuterungen enthalten detaillierte Richtlinien betreffend Kaufprämien, Garantie, unentgeltlicher Kundendienst, Rückrufaktionen, Zulassung von Händlern und Werkstätten, Trennung von Verkauf und Kundendienst, Ersatzteilhandel, Zugang zu technischen Informationen, Mehrmarkenvertrieb und Vertragsauflösung.

Die Erläuterungen tragen der jüngsten Praxis der WEKO, den jüngsten Markt- und Technologieentwicklungen sowie der Praxis der Europäischen Kommission zur KFZ-GVO 2010 der EU Rechnung[2] und sollen den Wettbewerbsbehörden sowie den Marktbeteiligten als Orientierungshilfe dienen. Für Gerichte sind sie nicht bindend.

---

[1] BBl 2019 4877. Vgl. zur Volksinitiative Baker McKenzie, Entwicklungen im schweizerischen Wirtschaftsrecht 2018/2019, Wettbewerbsrecht II. A. 2.

[2] Verordnung (EU) Nr. 461/2010 der Kommission vom 27. Mai 2010 über die Anwendung von Art. 101 Abs. 3 des Vertrags über die Arbeitsweise der Europäischen Union auf Gruppen von vertikalen Vereinbarungen und abgestimmten Verhaltensweisen im Kraftfahrzeugsektor, ABl. L 129 vom 28. Mai 2010, S. 52 ff.

3. Ausblick

Die verwaltungsrechtliche Durchsetzung des Kartellgesetzes durch die WEKO wird auch das neue Jahr prägen. Der Präsident der WEKO und die Geschäftsleitung des WEKO-Sekretariats haben angekündigt, auch weiterhin den Schwerpunkt auf die Bekämpfung harter Wettbewerbsabreden und des Marktmachtmissbrauchs legen zu wollen. Die WEKO und ihr Sekretariat werden sich dabei weiterhin an der Praxis der Europäischen Kommission und Gerichte, aber auch an der Praxis führender nationaler Wettbewerbsbehörden wie dem deutschen Bundeskartellamt oder dem US-amerikanischen DOJ orientieren.

Über dieses Alltagsgeschäft hinaus werden zwei Themen die kartellrechtliche Agenda des kommenden Jahres bestimmen.

Zum einen wird das Parlament voraussichtlich im Frühling und Sommer 2020 über die Volksinitiative "Stop der Hochpreisinsel – für faire Preise (Fair-Preis-Initiative)" und über den indirekten Gegenvorschlag des Bundesrates beraten (Änderung des Kartellgesetzes). Die Fair-Preis-Initiative ist in den Parteien, in der Industrie, im Gewerbe und im Konsumentenschutz breit abgestützt und erzielt in Bürgerumfragen hohe Zustimmungswerte. In diesem Zusammenhang dürften Themen wie die "Hochpreisinsel Schweiz", die Behinderung von Parallelimporten, der Einkaufstourismus und das Geoblocking in der öffentlichen Diskussion erneut aktuell werden. Dies könnte wiederum den politischen und medialen Druck auf die WEKO, aggressiv gegen vertikale Gebietsabschottungen und Preisbindungen vorzugehen, erhöhen. Kontinuierliche und standardgerechte Anstrengungen zur Sicherstellung der Compliance in diesem Bereich sind daher zu empfehlen.

Zum anderen stellt die digitale Revolution die WEKO vor wachsende Herausforderungen. Das Monitoring und teils selbständige Anpassen von Preisen durch Preisalgorithmen sowie das Aufkommen des Dynamic bzw. Personalized Pricing und von Online-Plattformen ist in den Märkten bereits verbreitete Realität und wirft Fragen zur Anwendung und Durchsetzung des Abredenrechts auf. Weiter wird die Praxis noch stärker konkretisieren müssen, wo die Grenze zum unzulässigen Missbrauch von Marktmacht verläuft, die auf wettbewerblich relevanten Datenbanken (Big Data) gründet, und ob Verstösse gegen anwendbares Datenschutzrecht auch vom Kartellrecht erfasst werden. Die Position der WEKO zu diesen Fragen ist noch nicht erkennbar und dürfte sich erst nach dem Erlass von Präzedenzentscheiden oder Richtlinien ausländischer Kartellbehörden und Gerichte ausprägen.

II. Rechtsprechung

1. Unlauterer Wettbewerb

Das Bundesgericht befasste sich mit der Frage, ob Äusserungen zu Preisen oder bezifferte Hinweise auf den Preisrahmen oder Preisgrenzen in der Werbung unter die Regeln gemäss Art. 17 und Art. 24 Abs. 1 lit. b und Abs. 2 UWG i.V.m. Art. 13 PBV fallen. Die Firma A warb mit einem Plakat für ein Auto-Leasingangebot mit dem Text: "Blind Date? Nicht beim Occasionskauf! 0.9 %-LEASING PLUS". Das Bundesgericht urteilte[3], dass diese Werbung keine Preisbekanntgabe i.S.v. Art. 17 UWG darstellte. Das Staatssekretariat für Wirtschaft (SECO) weist in seinen Wegleitungen zwar darauf hin, dass auch Leasingangebote in den Anwendungsbereich der PBV fallen, insbesondere auch der effektive Jahreszins. Eine vergleichende und demnach lauterkeitsrechtlich relevante Preisbewertung ist allein gestützt auf den beworbenen Zinssatz aber nicht möglich, stellte das Bundesgericht fest. Die Werbung habe bloss den Zweck verfolgt, das eigene Angebot im Allgemeinen als besonders vorteilhaft anzupreisen. Zudem unterstrich das Bundesgericht, dass die Empfehlungen des SECO keinen rechtsverbindlichen Charakter aufweisen.

2. Kartelle und Wettbewerbsbeschränkungen

2.1 Wettbewerbsabreden

a) Horizontale Abreden

Die WEKO schloss am 27. Mai 2019 zwei Untersuchungen betreffend Abreden im Devisenhandel zwischen Banken mit einer einvernehmlichen Regelung (EVR) und Bussen in der Höhe von fast CHF 100 Mio. ab. In den Chaträumen "Three way banana split" und "Essex express" haben Händler mehrerer international tätiger Banken ihr Verhalten in Bezug auf bestimmte G10-Währungen abgesprochen und koordiniert. Der UBS wurde jede Sanktion erlassen, da sie als erste Bank Selbstanzeige erstattete. Auch weiteren Banken wurde die Sanktion erheblich reduziert, da sie sich selbst angezeigt und zu einer EVR Hand geboten hatten.

Von besonderer Bedeutung ist, dass die WEKO in diesen Fällen ein sequenzielles Hybridverfahren durchführte, indem die Kammer für Teilverfügungen der WEKO zunächst die EVR genehmigte und die Untersuchung gegen die

---

[3] BGE 145 IV 233.

EVR-Parteien einstellte, während das Sekretariat der WEKO die Untersuchung gegen die verbleibende Partei Crédit Suisse im ordentlichen Verfahren weiterführt.[4]

Ein weiteres sequenzielles Hybridverfahren führt die WEKO gegen acht Finanzierungsunternehmen, die Automobil-Leasing anbieten. Die Unternehmen tauschten gemäss den Feststellungen des WEKO-Sekretariats über mehrere Jahre wettbewerblich sensitive Informationen über die Leasing-Zinssätze aus. Die Kammer für Teilverfügungen der WEKO hat mit einer Ausnahme mit allen Parteien eine einvernehmliche Regelung abgeschlossen, während das Sekretariat der WEKO die Untersuchung gegen das verbleibende beteiligte Unternehmen im ordentlichen Verfahren weiterführt.[5]

Ebenfalls mit einvernehmlicher Regelung schloss die WEKO eine Untersuchung gegen Brenntag Schweizerhall AG und Bucher AG Langenthal ab. Von 2014 bis 2017 bestand zwischen den beiden Unternehmen eine Abrede über die Aufteilung von Schweizer KundInnen beim Vertrieb von AdBlue, einer Harnstofflösung, die den Ausstoss von Stickoxiden bei Dieselmotoren reduziert. Diese Kundenabrede wurde von der WEKO untersagt. Von Sanktionen gegen die Parteien sah die WEKO ab, da Brenntag sowohl Lieferantin als auch Wettbewerberin von Bucher war (dualer Vertrieb) und die vertikale Lieferbeziehung zwischen Brenntag und Bucher im vorliegenden Fall im Vordergrund stand.[6]

Weiter wurde im Berichtsjahr mit grosser Verzögerung die Untersagungs- und Sanktionsverfügung der WEKO vom 29. Juni 2015 gegen die Mitglieder eines Sanitärgrosshändlerkartells veröffentlicht. Die WEKO auferlegte den Parteien einer unzulässigen Preis- und Mengenabrede gemäss Art. 5 Abs. 3 KG Bussen von insgesamt CHF 80 Millionen. Bedeutend sind insbesondere die Ausführungen der WEKO zur Einführung gemeinsamer Bruttopreise durch Mitglieder eines Verbands. Gemäss Beurteilung der WEKO stellte dies eine Vereinbarung über einen gemeinsamen Basispreis und somit über einen erheblichen Preisbestandteil dar. Mit der Preisabrede verhinderten die Parteien nach Ansicht der WEKO, dass z.B. Installateur-orientierte Grosshändler hohe Bruttopreise setzten (und damit den Installateuren ermöglichten, hohe Rabatte auszuweisen), während Endkunden-orientierte Grosshändler tiefe Bruttopreise setzten. Damit schränkten die Parteien im Ergebnis einen zentralen Wettbewerbsparameter ein. Zudem wurden von den Sanitärgrosshändlern grössere Differenzierungen der

---

[4] Vgl. Baker McKenzie, Entwicklungen im schweizerischen Wirtschaftsrecht 2018/2019, Wettbewerbsrecht II. B. 1. a.; Medienmitteilung der WEKO vom 6. Juni 2019.
[5] Medienmitteilung der WEKO vom 11. Juli 2019.
[6] Medienmitteilung der WEKO vom 19. Dezember 2019.

Bruttopreise durch Abstimmung der Basispreise, Transportkosten und Einbaukosten sowie der Eurowechselkurse verhindert. Ferner vereinbarten die Parteien im Rahmen der Sortimentskommission, gewisse Produkte nicht in die Stammdaten und somit nicht in die Teamkataloge aufzunehmen, was die WEKO als Mengenabrede i.S.v. Art. 5 Abs. 3 lit. b KG qualifizierte. Diese harten Kartellabreden i.S.v. Art. 5 Abs. 3 KG beseitigten zwar nach Erkenntnis der WEKO den Wettbewerb nicht, beschränkten ihn aber erheblich und konnten nicht durch Gründe der wirtschaftlichen Effizienz gerechtfertigt werden.[7]

Sämtliche Parteien haben beim Bundesverwaltungsgericht (BVGer) Beschwerde gegen den Entscheid der WEKO eingereicht. Die Beschwerden sind noch hängig.

b)   Vertikale Abreden

Das Sekretariat der Wettbewerbskommission hat auch im Berichtsjahr einen Schwerpunkt auf die Bekämpfung harter Vertikalabreden gemäss Art. 5 Abs. 4 KG gelegt. Ein grosser Teil dieser Aktivitäten erfolgte im Rahmen informeller Verfahren. Soweit formelle Verfahren betroffen waren, sind zwei Untersuchungen erwähnenswert.

Zum einen stellte die WEKO eine unzulässige absolute Gebietsschutzabrede zwischen der Bucher Landtechnik und ihren Händlern betreffend den Vertrieb von Traktorersatzteilen fest. Bucher Landtechnik verpflichtete ihre Händler vertraglich dazu, sämtliche Ersatzteile für Traktoren der Marke New Holland bei ihr zu beziehen. Darüber hinaus bestand ein Anreizsystem, das die Bezugsmenge von Ersatzteilen mit Rabatten für Traktoren verknüpfte. Die Bezugspflicht und das Anreizsystem beschränkten Verkäufe von ausländischen Lieferanten an Händler von Bucher Landtechnik. Die WEKO schloss mit Bucher Landtechnik eine einvernehmliche Regelung, untersagte die absolute Gebietsschutzabrede und auferlegte dem Unternehmen eine Sanktion im Betrag von rund CHF 150'000.[8]

Zum anderen schloss die WEKO im Berichtsjahr eine Untersuchung gegen Stöckli Swiss Sports AG ab. Gemäss den Feststellungen der WEKO bestanden im Zeitraum von 2003 bis 2008 zwischen Stöckli und ihren Skihändlern eine unzulässige vertikale Preisbindung zweiter Hand betreffend Skis der Marke Stöckli. Die Händler wurden vertraglich verpflichtet, die von Stöckli empfohle-

---

[7]   WEKO Verfügung vom 29. Juni 2015 i.S. Untersuchung 22-0420 Badezimmer; RPW 2019/3a und 3b, S. 606 ff. bzw. S. 927 ff.

[8]   WEKO Verfügung vom 1. Juli 2019 i.S. Untersuchung 22-0479 Bucher Landtechnik AG.

nen Wiederverkaufspreise nicht zu unterbieten. Die WEKO untersagte im Rahmen einer Einvernehmlichen Regelung die Preisbindung zweiter Hand und gab Stöckli Anweisungen zum Umgang mit dem Online-Handel, mit Querlieferungen zwischen Vertriebshändlern und mit Direkt- und Parallelimporten von Stöckli-Produkten. Dem Unternehmen wurde eine Sanktion von rund CHF 140'000 auferlegt.[9]

2.2 Missbräuche marktbeherrschender Stellung

Von grosser Tragweite im Bereich des Missbrauchs marktbeherrschender Unternehmen gemäss Art. 7 KG war im Berichtsjahr insbesondere das über 500-seitige Urteil des Bundesverwaltungsgerichts in der Beschwerdesache SIX DCC (Dynamic Currency Conversion) vom 18. Dezember 2018 (veröffentlicht am 21. Mai 2019).[10] Das Bundesverwaltungsgericht bestätigte nach einem achtjährigen Verfahren den Entscheid der WEKO vom 29. November 2010 und stellte eine marktbeherrschende Stellung der SIX Multipay AG auf den Märkten der Kreditkartenakzeptanz Mastercard und Visa sowie der Debitkartenakzeptanz Maestro gemäss Art. 4 Abs. 2 KG, eine Geschäftsverweigerung gemäss Art. 7 Abs. 2 lit. a KG sowie eine Koppelung gemäss Art. 7 Abs. 2 lit. f KG fest. Die SIX Multipay AG habe sich in missbräuchlicher Weise geweigert, bezüglich DCC mit anderen Terminalherstellern als der SIX Card Solutions AG zusammenzuarbeiten und ihnen die notwendigen Schnittstelleninformationen offen zu legen. Zudem habe die SIX Group in missbräuchlicher Weise Akzeptanz-Dienstleistungen, DCC-Dienstleistungen und DCC-Terminals gekoppelt. Das Bundesverwaltungsgericht bestätigte die Sanktion der WEKO gegen die SIX Group AG im Betrag von CHF 7'029'000.

Das über 500-seitige Urteil klärt rund 60 Rechtsfragen und ist somit über den konkreten Sachverhalt hinaus von erheblicher Bedeutung. Es enthält präjudizielle Ausführungen insbesondere zum Verfügungsadressaten im Konzern, zur kartellrechtlichen Behandlung von Schnittstelleninformationen, zu den Tatbestandsmerkmalen einer missbräuchlichen Geschäftsverweigerung bzw. Koppelung, zum Verschuldensnachweis und zur Verjährung.

Die SIX Group AG hat das Urteil beim Bundesgericht angefochten. Das Beschwerdeverfahren vor Bundesgericht ist noch hängig.

---

[9] WEKO Verfügung vom 19. August 2019 i.S. Untersuchung 22-0488 Stöckli Ski.
[10] BVGer B-831/2011 vom 18. Dezember 2018.

2.3 Unternehmenszusammenschlüsse

Auf grosses öffentliches Interesse stiess im Berichtsjahr die Prüfung des geplanten Zusammenschlusses der Sunrise Communications Group AG (Sunrise) und der UPC Schweiz GmbH (UPC) durch die WEKO. Die WEKO genehmigte den Zusammenschluss Ende September 2019 nach vertiefter Prüfung (Phase II) ohne Bedingungen und Auflagen. Der Zusammenschluss scheiterte schliesslich im November 2019 am Widerstand gewichtiger Sunrise-Aktionäre.

Sunrise beabsichtigte, mit der Übernahme von UPC und deren Festnetzinfrastruktur zum zweitgrössten Telekommunikationsunternehmen mit einer Mobil- und Festnetzinfrastruktur in der Schweiz zu werden. Wie Swisscom wäre Sunrise damit in die Lage versetzt worden, Festnetz-, Breitbandinternet- und Mobilfunkleistungen sowie digitales Fernsehen auf der eigenen Infrastruktur in der Schweiz anzubieten. Im Gegensatz zum Zusammenschlussvorhaben Sunrise/Orange, das die WEKO im April 2010 untersagt hatte, ergänzten sich Sunrise und UPC in vielen Bereichen. Eine gemeinsame Marktbeherrschung mit Swisscom erschien als unwahrscheinlich, da Sunrise/UPC und Swisscom unterschiedliche Technologien einsetzten und sich deren Marktausrichtung deutlich unterschied. Die WEKO erwartete daher durch die Übernahme eine Belebung des Wettbewerbs, insbesondere auch da Sunrise aggressiven Preis- und Qualitätswettbewerb betrieb. Der geplante Zusammenschluss führte daher gemäss Feststellung der WEKO in keinem der analysierten Märkte zur Begründung oder Verstärkung einer marktbeherrschenden Stellung.[11]

Weiter ist zu erwähnen, dass das Sekretariat der WEKO am 1. Oktober 2019 seine Mitteilung zur Praxis zur Meldung und Beurteilung von Zusammenschlüssen revidierte.[12] Die revidierte Fassung stellt klar, dass bei Zusammenschlussvorhaben, bei welchen mittels eines Gemeinschaftsunternehmens ein Zielunternehmen erworben wird, neben dem Zielunternehmen in der Regel nur das kontrollerlangende Gemeinschaftsunternehmen als beteiligtes Unternehmen i.S.v. Art. 3 Abs. 1 lit. b VKU gilt. Im Ausnahmefall können jedoch anstelle des Gemeinschaftsunternehmens dessen Mutterunternehmen als beteiligte Unternehmen gelten. Die revidierte Mitteilung des Sekretariats bezeichnet diese Ausnahmefälle.

---

[11] Medienmitteilung der WEKO vom 26. September 2019.

[12] Mitteilung des Sekretariats der Wettbewerbskommission, Praxis zur Meldung und Beurteilung von Zusammenschlüssen vom 25. März 2009 (Version 4 vom 1. Oktober 2019), Ziff. 11 f.

Schiedsgerichtsbarkeit

JOACHIM FRICK, GABRIELLE TSCHOPP[*]

I. Neue Entwicklungen

Ein Entwurf für eine moderate Revision des 12. Kapitels des IPRG, d.h. der lex arbitri der internationalen Schiedsgerichtsbarkeit der Schweiz, ist hängig, wird aber nicht vor 2021 in Kraft treten. Die Revision bezweckt eine Anpassung des Gesetzes an die Entwicklungen der Rechtsprechung und eine Erhöhung der Nutzerfreundlichkeit.

In der laufenden Revision des Datenschutzgesetzes soll klargestellt werden, dass dieses auf Schiedsgerichtsverfahren mit Sitz in der Schweiz nicht anwendbar ist.

Mit beiden Revisionen dürfte die Attraktivität des Schiedsortes Schweiz noch einmal gesteigert werden. Auf den 1. Juli 2019 hin bereits angepasst wurde die Mediationsordnung der Schweizerischen Handelskammern.

II. Rechtsprechung

1. Anspruch auf rechtliches Gehör[1]

Der Kläger war ein professioneller Basketballspieler. Beklagte war ein Basketballclub mit Sitz in Polen. Die Parteien hatten einen ersten Spielervertrag abgeschlossen. Während der Saison beendete die Beklagte den Vertrag, nachdem der Kläger von der polnischen Polizei wegen Fahrens in angetrunkenem Zustand auf eine Polizeistation gebracht worden war. In der Folge unterzeichneten die Parteien einen neuen Vertrag für die verbleibende Saison mit einem neuen Nettolohn und einer neuen Bonusvereinbarung. Das Basketball Arbitral Tribunal (BAT) verurteilte die Beklagte, dem Kläger Lohn nachzubezahlen. Die Beklagte

---

[*] Bearbeitet von Prof. Dr. Joachim Frick, LL.M./J.S.D., Rechtsanwalt und Gabrielle Tschopp, M.A. HSG in Law, Rechtsanwältin.
[1] BGer 4A_438/2018 vom 17. Januar 2019.

erhob Beschwerde ans Bundesgericht im Wesentlichen wegen Verletzung ihres Anspruchs auf rechtliches Gehör. Dies weil das Schiedsgericht eine schriftliche Stellungnahme, welche per E-Mail eingereicht worden war, nicht berücksichtigt und in der Folge die Befragung eines Zeugen, nämlich des früheren Agenten des Klägers, unterlassen habe.

Das Bundesgericht wies die Beschwerde ab und hielt seine Praxis zur Frage des rechtlichen Gehörs wie folgt fest: "*Aus Art. 182 Abs. 3 und 190 Abs. 2 lit. d IPRG ergibt sich eine minimale Pflicht der Schiedsrichter, die entscheiderheblichen Fragen zu prüfen und zu behandeln. Diese Pflicht verletzt das Schiedsgericht, wenn es aufgrund eines Versehens oder eines Missverständnisses rechtserhebliche Behauptungen, Argumente, Beweise oder Beweisanträge einer Partei unberücksichtigt lässt. Ergeht ein Schiedsentscheid, ohne die für den Ausgang des Streits offenbar erheblichen Elemente überhaupt anzusprechen, obliegt es den Schiedsrichtern oder der Gegenpartei, diese Unterlassung in ihrer jeweiligen Vernehmlassung zur Beschwerde zu rechtfertigen.*" Jedoch muss sich das Schiedsgericht nicht mit jedem einzelnen Vorbringen der Parteien auseinandersetzen. Daher kann dem Schiedsgericht keine Gehörsverletzung vorgeworfen werden, wenn es einen für den Entscheid unwesentlichen Punkt weder ausdrücklich noch sinngemäss verworfen hat. Im vorliegenden Fall sei nicht dargelegt worden, dass in der per E-Mail eingereichten Stellungnahme relevante Fragen beantwortet worden wären. Des Weiteren müsste ein Versehen des Schiedsgerichtes unverzüglich vorgebracht werden. Es widerspricht Treu und Glauben, einen Verfahrensmangel erst im Rahmen eines Rechtsmittelverfahrens zu rügen, obschon bereits im Schiedsverfahren die Möglichkeit bestanden hätte, dem Schiedsgericht die Gelegenheit zur Behebung des angeblichen Mangels zu geben.

Das Bundesgericht bestätigte auch seine bisherige Rechtsprechung, wonach eine falsche oder sogar willkürliche Anwendung der schiedsgerichtlichen Verfahrensordnung für sich allein nicht ausreicht, um einen Verstoss gegen den verfahrensrechtlichen Ordre Public zu begründen.

2. Gültigkeit einer Schiedsvereinbarung[2]

Eine katarische Gesellschaft klagte gegen eine türkische Auftraggeberin auf Bezahlung von Kommissionen unter einem Agenturvertrag. Die Agentin hatte sich verpflichtet, Aufträge der Baubehörden in Katar im Zusammenhang mit dem sog. *North Highway Project* zu verschaffen und sollte dafür eine Kommission von 2 % pro vermitteltem Auftrag erhalten. Noch bevor sich das Schiedsge-

---

[2] BGer 4A_386/2018 vom 27. Februar 2019.

richt konstituieren konnte, schlossen die Parteien einen Vergleich und die Auftraggeberin verpflichtete sich darin zu einer Zahlung von USD 7'800'000 sowie zur Bezahlung von 1,75 % des Totalbetrags des zusätzlichen Projektwertes, falls die Auftraggeberin ein zusätzliches Strassenstück unter dem Projekt zugewiesen erhält. Im Vergleich wurde im Gegensatz zum Agenturvertrag eine Gerichtsstandsklausel zu Gunsten von katarischen Gerichten vereinbart.

In der Folge vermittelte die Agentin zwei weitere Bauverträge und klagte auf die Bezahlung von entsprechenden Provisionsansprüchen. Das erstinstanzliche katarische Gericht wies die Klagen ab. Die Agentin erhob Beschwerde beim Kassationshof von Katar, welcher den Entscheid bestätigte. Zusätzlich leitete sie gestützt auf die Schiedsklausel ein Schiedsverfahren in Paris ein. Das Schiedsgericht verneinte seine Zuständigkeit und stellte fest, die Schiedsvereinbarung des Agenturvertrages sei nicht gültig, da der Vertreter C der Klägerin, welche den Agenturvertrag unterzeichnet hatte, nicht ermächtigt gewesen sei, eine Schiedsvereinbarung abzuschliessen. Überdies falle die Streitigkeit auch nicht in den Anwendungsbereich der Schiedsvereinbarung. In einem obiter dictum erwähnte das Schiedsgericht des Weiteren, dass die Streitsache ggf. bereits durch staatliche katarische Gerichte beurteilt worden sei, liess die Frage aber offen.

Das Bundesgericht hielt zunächst fest, dass, wenn ein Schiedsentscheid auf mehreren selbstständigen Begründungen beruhte, ein Beschwerdeführer darzulegen hat, dass jede von ihnen Recht verletzt, andernfalls könne auf die Beschwerde nicht eingetreten werden.

Das Schiedsgericht hatte die Gültigkeit der Schiedsvereinbarung verneint, weil nach Art. 504 des türkischen Obligationenrechts ein Agent eine spezielle Autorisierung zum Abschluss einer Schiedsvereinbarung (Spezialvollmacht) haben müsste. Die Beschwerdeführerin hatte geltend gemacht, dass die Schiedsklausel trotz der fehlenden Spezialvollmacht von C gestützt auf den Vergleich vom 24. Januar 2010 gültig wäre, da dort ausdrücklich auf Art. 16 des Agenturvertrages mit der Schiedsvereinbarung verwiesen worden wäre. Damit sei die darin enthaltene Schiedsklausel im Sinne eines stillen Verweises unmittelbar Vertragsbestandteil des Vergleichs geworden.

Das Schiedsgericht hatte das Argument geprüft, jedoch festgestellt, dass alle Streitigkeiten aus dem Vergleich an die staatlichen Gerichte Katars verwiesen worden waren. Das Bundesgericht folgte dem Schiedsgericht. Die Erwähnung der Schiedsklausel im Vergleich sei bloss erläuternd und nicht als bindende Bestätigung gemeint gewesen.

3. Anzahl der Schiedsrichter[3]

Eine Erbengemeinschaft hatte gegen A ein Schiedsverfahren eingeleitet. Der Gerichtshof der Swiss Chambers' Arbitration Institution ernannte einen Einzelschiedsrichter. Anlässlich einer Organisationsbesprechung zwischen dem Einzelschiedsrichter und den Parteivertretungen wurde ein Zeitplan besprochen und der Einzelschiedsrichter forderte A mit verfahrensleitender Verfügung Nr. 1 zur Einreichung der Klageantwort innert Frist auf. In der Folge beantragte A, die Verfügung sei aufzuheben und die vorliegende Hauptstreitsache einem Dreierschiedsgericht zuzuweisen.

Das Bundesgericht hielt fest, dass zu den mit Beschwerde nach Art. 77 Abs. 1 lit. b BGG i.V.m. Art. 389 ff. ZPO anfechtbaren Entscheiden auch Zwischenschiedssprüche gehören, mit denen das Schiedsgericht eine prozessuale oder materielle Vorfrage vorab gesondert entscheidet. Bei der angefochtenen Verfügung handle es sich jedoch um eine prozessleitende Verfügung, welche das Schiedsgericht nicht bindet und auf die es im Verlaufe des Verfahrens wieder zurückkommen kann. In der Folge trat das Bundesgericht nicht auf die Beschwerde ein.

4. Unabhängigkeit von Schiedsrichtern[4]

Klägerin war eine türkische Gesellschaft, welche mit einer schweizerischen Käuferin einen Kaufvertrag abgeschlossen hatte. Der Kaufvertrag sah die Zuständigkeit eines Ad-Hoc Schiedsgerichtes mit Sitz in Wollerau vor. Die Klägerin beantragte beim Bezirksgericht Höfe die Ernennung von A. als Schiedsrichter sowie die Ernennung eines zweiten Schiedsrichters, nachdem die Beklagte auf einen entsprechenden Vorschlag verzichtet hatte. Die Beklagte widersetzte sich dem klägerischen Ersuchen schriftlich. In der Folge ernannte das Bezirksgericht Höfe für die Klägerin einen Schiedsrichter; der von der Beklagten ins Feld geführte Umstand, dass dieser früher in derselben Anwaltskanzlei wie die Anwältin der Klägerin gearbeitet hatte, beinträchtige seine Unabhängigkeit und Unparteilichkeit nicht. Zudem ernannte es für die Beklagte eine Mitschiedsrichterin B und ordnete an, dass die beiden Mitschiedsrichter gemeinsam einen Vorsitzenden zu ernennen hätten. In der Folge bestimmten die beiden Mitschiedsrichter einen Vorsitzenden C.

Am 28. November 2018 sandte das Schiedsgericht den Parteien den Konstituierungsbeschluss und schlug mögliche Daten für eine Telefonkonferenz vor. Die

---

[3] BGer 4A_270/2019 vom 24. Juni 2019.
[4] BGer 4A_292/2019 vom 16. Oktober 2019.

Beklagte liess sich nicht vernehmen. Am 7. Dezember ordnete das Schiedsgericht an, dass die vorbereitende Telefonkonferenz am 19. Dezember 2018 stattfinden werde. Mit Eingabe vom 16. Dezember 2018 teilte die Beklagte dem Schiedsgericht mit, sie könne sich nicht weiter äussern, da sie weder über die Originalunterlagen verfüge, die ihr am 12. Dezember 2018 zugefaxt worden waren, noch über den Gerichtsbeschluss betreffend die Ernennung von B als Schiedsrichterin. Deshalb werde sie auch nicht an der vorbereitenden Telefonkonferenz teilnehmen. Anlässlich der Telefonkonferenz, an welcher die Beklagte nicht teilnahm, wurden die Fristen für die Einreichung der Klage sowie der Klageantwort festgesetzt.

Am 18. Februar 2019 erliess das Schiedsgericht eine Verfahrensanordnung und verfügte, dass am 25. Februar 2019 eine zweite vorbereitende Telefonkonferenz abgehalten werde. Am gleichen Tag wiesen die Schiedsrichter A und B in separaten Schreiben die gegen sie geltend gemachten Ausstandsgründe zurück.

Am 25. Februar 2019 teilte die Beklagte dem Schiedsgericht mit, sie habe dem Bezirksgericht Höfe die Ablehnung der Schiedsrichter A und B beantragt und führte aus, ihre Klageantwort erst einzureichen, nachdem die Ausstandsfrage geklärt worden sei. Die Telefonkonferenz vom 25. Februar 2019 fand in der Folge ohne Beteiligung der Beklagten statt.

Mit Verfahrensanordnung vom gleichen Tag stellte das Schiedsgericht fest, dass die Beklagte innert Frist keine Klageantwort eingereicht und auch keine Fristerstreckung beantragt habe und erklärte das Verfahren unter Vorbehalt eines begründeten Fristwiederherstellungsgesuchs der Beklagten für geschlossen.

Mit Eingabe vom 26. Februar 2019 teilte die Beklagte mit, sie werde ihre Klageantwort einreichen, wenn über die Ausstandsbegehren definitiv entschieden worden sei. Das Schiedsgericht nahm die Eingabe als Wiedererwägungsgesuch betreffend die Schliessung des Verfahrens entgegen und wies das Gesuch ab.

Mit Schreiben vom 4. März 2019 teilte das Bezirksgericht Höfe der Beklagten mit, die Voraussetzungen für ein erneutes Ablehnungsverfahren seien nicht erfüllt. Am 5. März 2019 reichte die Beklagte dem Schiedsgericht eine Klageantwort ein.

Mit Schiedsurteil vom 13. Mai 2019 verurteilte das Ad-Hoc Schiedsgericht die Beklagte zur Zahlung von USD 66'000 (zzgl. Zins) an die Klägerin. Zum Ablehnungsbegehren hielt es fest, dass das Anstellungsverhältnis des Schiedsrichters A und der klägerischen Anwältin bei der gleichen Anwaltskanzlei zwischen 2007 und 2009 keinen Ausstandsgrund darstelle. Die Beklagte habe den Ausstandsgrund bereits im Verfahren vor dem Bezirksgericht Höfe betreffend Ernennung von zwei Schiedsrichtern geltend gemacht und dieses habe entschieden, dass keine Ablehnung nach Art. 180 IPRG gerechtfertigt sei.

In ihrer Beschwerde ans Bundesgericht brachte die Käuferin/Beklagte vor, die mehrjährige Zusammenarbeit möge für sich allein betrachtet noch keinen Zweifel an der Unabhängigkeit des Schiedsrichters aufkommen lassen. Die Sichtweise veränderte sich aber, wenn festgestellt werden müsse, dass genau dieser Schiedsrichter nach seiner Ernennung telefonisch mit seiner ehemaligen Arbeitskollegin und Rechtsvertreterin der Beschwerdegegnerin in Kontakt getreten sei.

Das Bundesgericht hielt dazu folgendes fest: Einseitige Kontakte zwischen einer Partei oder deren Rechtsvertreter und einem Schiedsrichter sind nicht in jedem Fall ausgeschlossen. So ist es unbedenklich, mit einem potentiellen Schiedsrichter in Kontakt zu treten, um dessen Eignung und Verfügbarkeit zu ermitteln oder die Ernennung eines Vorsitzenden des Schiedsgerichts zu besprechen. Ziff. 4.4.1 IBA-Guidelines on Conflict of Interest gehe zwar davon aus, dass die zulässigen Kontakte gemäss Wortlaut auf den Zeitpunkt vor der Ernennung des Schiedsrichters ("*prior to appointment*") beschränkt seien, während der Schiedsrichter B bereits zum Schiedsrichter ernannt worden war. Vorliegend liege es jedoch auf der Hand, dass die Kontaktaufnahme im Hinblick darauf erfolgte, einen geeigneten Vorsitzenden zu finden und es erscheine nachvollziehbar, dass die telefonische Kontaktaufnahme betreffend das anwendbare Recht, über die der vorsitzende Schiedsrichter nachträglich informiert wurde, der Wahl eines geeigneten Vorsitzenden diente. Dies, nachdem der Ernennungsentscheid des Bezirksgerichts Höfe keine Hinweise zu einer allfälligen Rechtswahl enthalten hatte und die Frage geeignet war, diese Wahl zu beeinflussen. Das entsprechende Gespräch von lediglich 12 Minuten Dauer stelle angesichts der konkreten Umstände bei objektiver Betrachtung keine Gegebenheit dar, die den Anschein der Befangenheit oder die Gefahr der Voreingenommenheit zu begründen vermöge.

5. Willkür[5]

Die A AG erbrachte seit 1999 auf der Grundlage eines formalisierten Rahmenvertrages umfassende Marketing- und Werbeleistungen für den B Konzern. Seit 2002 war die Zusammenarbeit exklusiv ausgestaltet. Im Jahr 2016 kürzte B das Marketingbudget für das laufende Jahr und kündigte den Vertrag per Ende 2016. Die A AG bestritt die Wirksamkeit der Kündigung. Das Schiedsgericht verurteilte B zur Bezahlung eines Betrags von rund EUR 8 Mio. plus Zins, hielt die

---

[5] BGer 4A_224/2019 vom 11. November 2019.

Vertragskündigung aber für gültig und stellte fest, dass kein Schadenersatz geschuldet sei.

Die A AG rügte eine willkürliche Abweisung ihres Restvergütungsanspruches für das Jahr 2016 sowie eine willkürliche Teilabweisung des pauschalen Schadenersatzes.

Der Vertrag hatte festgehalten, dass die Beschwerdegegnerin berechtigt sei, durch einseitige Erklärung einzelne Leistungen aus dem Marketingbudget herauszunehmen. Die Beschwerdeführerin wandte ein, dies erlaube dieser lediglich, vereinzelte, im Sinne einiger weniger Leistungen aus dem Budget zu streichen. Das Verständnis des Schiedsgerichts führe dazu, dass sie der Beschwerdegegnerin wirtschaftlich ausgeliefert sei, da diese Gewinne und Verluste in erheblichem Umfang einseitig bestimmen könne. Das sei willkürlich.

Das Bundesgericht verwies auf seine bisherige Rechtsprechung und hielt fest, ein Entscheid sei nicht schon dann willkürlich, wenn eine andere Lösung ebenfalls vertretbar erscheint oder gar vorzuziehen wäre, sondern erst, wenn er offensichtlich unhaltbar ist, zur tatsächlichen Situation in klarem Widerspruch steht, eine Norm oder einen unumstrittenen Rechtsgrundsatz krass verletzt oder in stossender Weise dem Gerechtigkeitsgedanken zuwiderläuft. Ob die Überprüfungsbefugnis der offensichtlichen Rechtsverletzung gemäss Art. 393 lit. e ZPO auch ausländisches Recht umfasst, liess das Bundesgericht offen.

Das Bundesgericht hielt fest, dass das Schiedsgericht nicht davon ausgegangen sei, das Leistungsvolumen könne vollständig gestrichen werden. Vielmehr habe es festgehalten, dass ein gänzlich unlimitiertes Reduktionsrecht mit der objektiven Interessenlage der Beschwerdeführerin schwer vereinbar sei. Doch habe die vorliegend zu beurteilende Kündigung des Marketingvolumens diese Grenzen nicht überschritten.

6. Fristenwahrung und überspitzter Formalismus[6]

Kläger war ein argentinischer Fussballspieler, der gegen einen englischen Fussballclub in einer arbeitsrechtlichen Streitigkeit vor der Dispute Resolution Chamber der FIFA Schadenersatz verlangt hatte. Die Kammer hiess die Schadenersatzanklage teilweise gut und verurteilte die Beklagte zur Zahlung von GBP 4'198'000.

---

[6] BGer 4A_54/2019 vom 11. April 2019.

Am 25. September 2018 erklärte die Beklagte beim CAS Berufung. Am 28. September 2018 eröffnete die Kanzlei des CAS ein Berufungsverfahren und hielt in einem Schreiben an die Parteien fest, dass die Berufungsklägerin innerhalb von zehn Tagen nach Ablauf der Frist für die Berufung eine schriftliche Eingabe über die Fakten und rechtlichen Argumente für die Berufung einreichen könne, andernfalls die Berufung als zurückgezogen gelte. Dieser "*Appeal brief*" solle durch Kurier in sieben Kopien eingereicht werden.

In Absprache mit den Parteien wurde die Frist für die Einreichung der Berufungsbegründungen auf den 13. November 2018 angesetzt. Die Berufungsklägerin reichte am 13. November 2018 ihre Berufungsbegründung per E-Mail ein. In ihrem Begleitschreiben wies sie darauf hin, dass die Eingabe sowohl per E-Mail als auch per Post verschickt worden sei. Am 20. November 2018 fragte die Kanzlei des CAS nach, wo der Nachweis sei, dass die Originale am 13. oder 14. November 2018 eingereicht worden wären. Die Berufungsklägerin erklärte, sie sei aufgrund einer vorübergehenden Sekretariatsvertretung sowie eines aufwändigen Büroumzugs vom 16. bis 19. November 2018 nicht in der Lage gewesen, den Beleg aufzutreiben, dass sie die Berufungsbegründung rechtzeitig per Post zugestellt habe.

Mit Verfügung vom 6. Dezember 2018 stellte die Präsidentin der Berufungskammer des CAS fest, dass nicht fristgerecht Originale eingereicht worden seien, weshalb die Berufung als zurückgezogen gelte und schrieb das Verfahren ab.

Vor Bundesgericht rügte die Beschwerdeführerin eine Verletzung des verfahrensrechtlichen Ordre public, insbesondere überspitzter Formalismus.

Das Bundesgericht kam zum Schluss, dass kein überspitzter Formalismus vorzuwerfen sei. Deshalb könne die Frage, inwiefern überspitzter Formalismus überhaupt als Verletzung des verfahrensrechtlichen Ordre public gelte, offengelassen werden. Das Bundesgericht stellte mit Verweis auf seine frühere Rechtsprechung fest, dass Nichteintreten auf eine bloss elektronisch eingereichte Berufungserklärung keinen überspitzten Formalismus bedeute[7] (BGer 4A_238/2018 vom 12. September 2018, E. 5.5 und E. 5.6). In einem weiteren Urteil hatte es entschieden, dass für die Berufungsbegründung dieselben Anforderungen gelten. Demnach stelle die postalische Einreichung der Berufungsbegründung keine rein administrative Pflicht dar, sondern sei ein Gültigkeitserfordernis (Urteil 4A_556/2018 vom 5. März 2019, E. 6.5). Es liege kein behebbarer Mangel vor, vielmehr wurde eine im CAS-Code vorgesehene Frist verpasst.

---

[7] BGer 4A_238/2018 vom 12. September 2018 E. 5.5 und E. 5.6.

Daher verzichtete das CAS folgerichtig darauf, der Beschwerdeführerin eine entsprechende Nachfrist anzusetzen.

7. Datum der Eröffnung eines Entscheids[8]

Die chinesische B Ltd. hatte mit der aserbaidschanischen A Corp. einen Vertrag zur Erstellung einer Klinker-Produktions-Anlage abgeschlossen zu einem Gesamtpreis von USD 33'000'000. Davon waren 90 % bezahlt worden. Die B. Ltd. leitete ein ICC-Schiedsverfahren zur Bezahlung des ausstehenden Restbetrages plus Zins ein. Mit Schiedsentscheid vom 17. Oktober 2018 verpflichtete der Einzelschiedsrichter die Beklagte zur Bezahlung eines Teilbetrages. Das Schiedsurteil wurde dem Anwalt der Beklagten am 23. Oktober 2018 per Kurier zugestellt, nachdem er eine Kopie des Entscheids im PDF-Format per E-Mail bereits am 22. Oktober 2018 erhalten hatte. Aufgrund der E-Mail-Kopie stellte die Beklagte ein Gesuch um Auslegung des Schiedsspruchs, welches der Einzelschiedsrichter am 21. März 2019 abwies.

Nach Darstellung der Beschwerdeführerin entdeckte sie zu einem nicht genannten späteren Zeitpunkt, dass im Originalentscheid, der am 23. Oktober 2018 per Kurier zugestellt worden war, einzelne Seiten fehlten. Ihr Anwalt meldete dies am 8. Mai 2019 per E-Mail dem ICC-Sekretariat. Das ICC-Sekretariat sandte ihm schliesslich am 26. April 2019 ein beglaubigtes Exemplar des Schiedsurteils zu. Mit Beschwerde vom 29. Mai 2019 beantragte die Beklagte, es sei die Nichtigkeit des Schiedsurteils vom 23. Oktober 2018 festzustellen.

Das Bundesgericht hielt fest, dass, wenn aus Höflichkeit den Parteien vorab eine PDF-Kopie des Urteils zugestellt werde, diese für die i.S.v. Art. 100 Abs. 1 BGG massgebende Eröffnung unbeachtlich sei.[9]

Das Bundesgericht stellte fest, nach dem Grundsatz von Treu und Glauben habe eine Partei eines Schiedsgerichtsverfahrens Verfahrensfehler sofort zu rügen und verwirke sie die Anfechtungsmöglichkeit, wenn sie der entscheidenden Instanz keine Gelegenheit gebe, solche Fehler rechtzeitig zu beheben. Die Beschwerdeführerin habe gewusst, dass ein Schiedsurteil ergangen war und erkannt, dass ihr das Sekretariat der ICC dieses Schiedsurteil zustellen wollte. Sie war bei gebotener Aufmerksamkeit nicht nur in der Lage, sondern nach Treu und Glauben auch verpflichtet, umgehend nach Erhalt der Sendung die Unvollständigkeit des Entscheids zu melden und dessen Zustellung in vollständiger Ausfertigung zu

---

[8] BGer 4A_264/2019 vom 16. Oktober 2019.
[9] Ebenso bereits BGer 4A_40/2018 vom 26. September 2018 E. 2.2.

verlangen. Nachdem sie dies unterlassen hatte, hatte sie ihr Recht auf eine neue gehörige Zustellung verwirkt.

8. Abkehr vom formellen Charakter des Gehörsanspruchs in internationalen Schiedsverfahren[10]

Im Entscheid vom 29. Januar 2019 nimmt das Bundesgericht eine Änderung der Rechtsprechung vor: Hat sich die Gehörsverletzung nicht auf den Ausgang des Verfahrens ausgewirkt, muss der angefochtene Schiedsspruch nicht aufgehoben werden.

Das Bundesgericht führt allgemein aus, dass es sich beim rechtlichen Gehör zwar um einen Anspruch "*formeller*" Natur handelt. Da dieser Anspruch jedoch kein Selbstzweck sein darf, gibt es keinen Grund, den angefochtenen Schiedsspruch aufzuheben, wenn nicht erwiesen ist, dass sich die Gehörsverletzung auf den Ausgang des Verfahrens ausgewirkt hat. Eine Partei, die sich auf eine Gehörsverletzung nach Art. 190 Abs. 2 lit. d IPRG beruft, hat nicht nur die Gehörsverletzung an sich nachzuweisen, sondern auch inwiefern sich die Verletzung auf das Ergebnis des angefochtenen Schiedsspruchs ausgewirkt hat.

9. Ausdehnung einer Schiedsklausel auf Drittparteien und New Yorker Übereinkommen[11]

Mit dem Entscheid vom 17. April 2019 stellt das Bundesgericht fest, dass durch eine Schiedsklausel in einem Schuldvertrag zwar grundsätzlich nur die Vertragsparteien gebunden werden. Allerdings können auch Dritte, die den Vertrag nicht unterzeichnet haben, durch die Schiedsklausel gebunden werden.

Gemäss der Formvorschrift von Art. II Abs. 2 New Yorker Übereinkommen (NYÜ) ist nur erforderlich, dass die Schiedsvereinbarung von den ursprünglichen Vertragsparteien im Zeitpunkt des Vertragsabschlusses unterzeichnet wurde; der Dritte hat keine weiteren Formvorschriften zu erfüllen, wenn er materiell an die Schiedsklausel gebunden ist. Dies steht im Einklang mit der bundesgerichtlichen Rechtsprechung, wonach die Formerfordernis von Art. 178 Abs. 1 IPRG nur für die Willenserklärungen der (ursprünglichen) Parteien der Schiedsvereinbarung gilt, während sich die Bindung Dritter nach dem anwendbaren Recht richtet.

---

[10] BGer 4A_424/2018 vom 29. Januar 2019.
[11] BGer 4A_646/2018 vom 17. April 2019.

Eine formgültige Bindung eines Dritten an die Schiedsklausel ist daher auch dann anzunehmen, wenn er sich in den Vollzug des Vertrags einmischt. In einem solchen Fall wird seine Zustimmung zur schiedsgerichtlichen Zuständigkeit durch konkludentes Handeln angenommen.

10. Opting-out vom 3. Teil der ZPO in das 12. Kapitel des IPRG[12]

Das Bundesgericht befasste sich in seinem Entscheid vom 7. Mai 2019 mit der Frage, unter welchen Voraussetzungen Parteien im Rahmen eines Binnenschiedsverfahrens rechtsgültig die Anwendbarkeit des 3. Teils der ZPO (das die Binnenschiedsgerichtsbarkeit regelt) zugunsten des 12. Kapitels des IPRG (das die internationale Schiedsgerichtsbarkeit regelt) ausschliessen können (sog. Opting-out Klausel).

Gegenstand der Auseinandersetzung war eine Anordnung in der Order of Procedure des Internationalen Sportsgerichtshof ("CAS") vom 26. Juli 2017. Sie liest sich wie folgt: "*In accordance with the terms of the Present Order of Procedure, the parties agree to refer the present dispute to the Court of Arbitration for Sport (CAS) subject to the code of Sports related Arbitration (2017 edition) (the "Code"). Furthermore, the provisions of Chapter 12 of the Swiss Private International Law Statute (PILS) shall apply, to the exclusion of any other procedural law*".

Gemäss Art. 353 Abs. 2 ZPO können die Parteien die Geltung des 3. Teils der ZPO durch eine ausdrückliche Erklärung in der Schiedsvereinbarung oder in einer späteren Übereinkunft ausschliessen und die Anwendung der Bestimmungen des 12. Kapitels des IPRG vereinbaren. Die Erklärung bedarf der schriftlichen Form gemäss Art. 358 ZPO. In Anlehnung an die Rechtsprechung zum analogen Art. 176 Abs. 2 IPRG erwägt das Bundesgericht, dass für ein rechtswirksames Opting-Out nach Art. 353 Abs. 2 ZPO drei Voraussetzungen erfüllt sein müssen: 1) Die Vereinbarung muss die Anwendung des 3. Teils der ZPO explizit ausschliessen; 2) sie muss die ausschliessliche Anwendung des 12. Kapitels des IPRG vorsehen und 3) muss schriftlich sein.

Es genügt somit nicht, nur die Regeln des internationalen Schiedsverfahrens zu vereinbaren; die Parteien müssen explizit die Anwendbarkeit der ZPO ausschliessen. Allerdings ist es dazu nicht unbedingt notwendig, dass im Wortlaut der Schiedsvereinbarung der 3. Teil der ZPO oder das 12. Kapitel des IPRG explizit genannt werden. Gemäss der bundesgerichtlichen Rechtsprechung zu

---

[12] BGer 4A_540/2010 vom 7. Mai 2019.

Art. 176 Abs. 2 IPRG genügt es, wenn der gemeinsame Wille der Parteien über die Ausschliessung dieser Bestimmungen klar ersichtlich ist. Im vorliegenden Fall machte die Formulierung in der Order of Procedure ("*to the exclusion of any other procedural law*") genügend klar, dass sich die Parteien im erwähnten Sinn auf den Ausschluss des 3. Teils der ZPO und die Anwendbarkeit des 12. Kapitels des IPRG geeinigt haben. Das Opting-out war somit grundsätzlich gültig.

11. Der Ernennungsentscheid einer Schiedsinstitution ist nicht anfechtbar[13]

In seinem Urteil vom 6. Juni 2019 befasste sich das Bundesgericht mit der Frage, ob ein in einem internationalen Schiedsverfahren erfolgter Entscheid, mit dem eine Schiedsorganisation (vorliegend das CAS) einen Schiedsrichter ernannt hat, vor dem Bundesgericht angefochten werden kann.

Gemäss dem Bundesgericht kann der Entscheid der Präsidentin der Berufungsschiedskammer des CAS betreffend die Bestellung des Einzelschiedsrichters nicht direkt vor Bundesgericht angefochten werden.

Nach Art. 77 Abs. 1 lit. a BGG i.V.m. Art. 190-192 IPRG kann vor Bundesgericht ein End-, Teil- oder Vorentscheid des Schiedsgerichts angefochten werden. Im Gegensatz dazu kann eine einfache prozessleitende Verfügung, die während des Schiedsverfahrens geändert oder widerrufen werden kann, nicht angefochten werden. Entscheide einer Schiedsorganisation betreffend die Konstituierung eines Schiedsgerichts seien keine Schiedssprüche und als solche auch nicht mit Beschwerde beim Bundesgericht anfechtbar. Der Partei steht es jedoch frei, die Rüge im Beschwerdeverfahren gegen den ersten anfechtbaren Schiedsspruch vorzubringen.

12. Rückweisung einer Streitsache ans Schiedsgericht[14]

Heisst das Bundesgericht eine Beschwerde gut und weist die Streitsache zur Neubeurteilung an das Schiedsgericht zurück, hat das Schiedsgericht nach Massgabe der Erwägungen im Rückweisungsentscheid zu entscheiden.

In seinem Entscheid vom 4. Juli 2019 argumentiert das Bundesgericht, dass bei einer Rückweisung der Streitsache durch das Bundesgericht an die Vorinstanz der von der Rückweisung erfasste Streitpunkt nicht ausgeweitet oder auf eine

---

[13] BGer 4A_462/2018 vom 4. Juli 2019.
[14] BGer 4A_462/2018 vom 4. Juli 2019.

neue Rechtsgrundlage gestellt werden darf. Bei dieser Bindungswirkung handelt es sich um einen prozessualen Grundsatz, der auch im Bereich der Schiedsgerichtsbarkeit gilt.

13. Schiedsklauseln in Vereinsstatuten[15]

Im Entscheid vom 22. Juli 2019 befasste sich das Bundesgericht mit Schiedsklauseln und deren Gültigkeit in Vereinsstatuten. Nach Lehre und Rechtsprechung gelten Schiedsklauseln in Vereinsstatuten als gültig übernommen, wenn entweder ein Globalverweis auf die Statuten besteht und die Statuten der Vertragspartei ausgehändigt werden, oder die Beitrittserklärung einen spezifischen Verweis auf die Schiedsklausel in den Statuten enthält.

Die Zulässigkeit von statutarischen Schiedsklauseln wird im Rahmen der Revision des 12. Kapitels des IPRG mit Einführung von Art. 178 Abs. 4 E-IPRG bzw. Art. 358 Abs. 2 E-ZPO bestätigt. Die Zulässigkeit und Rechtswirksamkeit von Schiedsklauseln in Statuten von Aktiengesellschaften wird darüber hinaus auch durch den im Rahmen der laufenden Aktienrechtsrevision neu einzuführenden Art. 697n E-OR klargestellt.

14. Ablehnung der Ausdehnung einer Schiedsklausel auf Drittpartei[16]

In einem Entscheid vom 24. September 2019 hat das Bundesgericht geprüft, ob der libysche Staat durch eine Schiedsklausel gebunden ist, die von einer selbständigen Organisation libyschen Rechts unterzeichnet wurde.

Die Beschwerdeführerin rügte eine fehlerhafte Anwendung schweizerischen Rechts betreffend die Frage der Ausdehnung einer Schiedsklausel auf einen Staat. Sie behauptete, dass das Urteil "Westland" (Urteil P 1675/1987 vom 19. Juli 1988), in dem die Ausdehnung der Schiedsklausel von einer durch Staaten gegründeten juristischen Person auf die Gründungsstaaten verneint wurde, überholt ist.

Nach dem Grundsatz der Relativität vertraglicher Verpflichtungen bindet die in einem Vertrag enthaltene Schiedsklausel nur die Vertragsparteien. Allerdings hat das Bundesgericht in gewissen Konstellationen anerkannt, dass die Schiedsklausel auch für Personen verbindlich sein kann, die diese nicht unterzeichnet haben. Solche Konstellationen sind insbesondere die Forderungsabtretung, die

---

[15] BGer 5A_1027/2018 vom 22. Juli 2019.
[16] BGer 4A_636/2018 vom 24. September 2019.

kumulative oder private Schuldübernahme oder die Übertragung des Vertrages. Im vorliegenden Fall macht die Beschwerdeführerin nicht geltend, dass eine solche Konstellation vorliegt. Stattdessen beruft sie sich auf das Argument der Einmischung des Beschwerdegegners 2 (Libysche Staat) in den Vertrag nach Treu und Glauben, was die Bindung an die Schiedsklausel zur Folge hätte.

Das Bundesgericht stellt fest, dass der Dritte, der sich in ständiger und wiederholter Weise in die Abwicklung des Vertrages mit Schiedsklausel einmischt, so behandelt wird, als wäre er dem Vertrag beigetreten und hätte sich der Schiedsklausel unterworfen. Allerdings gilt dies nur unter der Bedingung, dass er den Willen erkennen lässt, selbst Partei der Schiedsvereinbarung zu sein. Dass der Beschwerdegegner 2 (der libysche Staat) im Zeitpunkt des Vertragsschlusses autoritär regiert war und der damaligen Regierung das Infrastrukturprojekt besonders wichtig war, vermag im Übrigen kein schutzwürdiges Vertrauen darin zu begründen, dass der libysche Staat bestimmte vertragliche Verpflichtungen eingehen wollte.

Vertragsrecht und Vertragsmanagement

VALENTINA HIRSIGER[*]

I. Gesetzgebung

Per 1. Januar 2020 tritt das revidierte Verjährungsrecht in Kraft.[1] Zentrale Punkte der Revision sind zum einen die Verlängerung der relativen Verjährungsfrist im Delikts- und Bereicherungsrecht von bisher einem Jahr auf neu drei Jahre. Geschädigte Personen haben damit künftig ab Kenntnisnahme von Schaden und Ersatzpflichtigem drei Jahre Zeit, um ihren Anspruch geltend zu machen. Zum anderen wird eine neue zwanzigjährige absolute Verjährungsfrist bei Personenschäden geschaffen. Damit sollen Geschädigte von Spätschäden bei der Geltendmachung ihrer Ansprüche nicht mehr wie bisher an der Verjährung scheitern.

Darüber hinaus führt die Revision zu zahlreichen weiteren Neuerungen, wie namentlich die Erweiterung der Gründe für eine Verjährungshemmung sowie die teilweise Neuregelung des Verjährungseinredeverzichts.

II. Rechtsprechung

1. Anwendbares Recht

Anwendbarkeit des CISG[2]

In BGer 4A_543/2018 befasste sich das Bundesgericht mit der Anwendbarkeit und Tragweite der Bestimmungen über das internationale Kaufrecht (CISG).

Im konkreten Fall ging es um mehrere Kaufverträge zwischen einer selbständigen öffentlich-rechtlichen Anstalt mit Sitz in Basel, als Käuferin, und einer slo-

---

[*] Bearbeitet von Dr. iur. Valentina Hirsiger, Rechtsanwältin.
[1] Vgl. BBl 2018 3537.
[2] BGer 4A_543/2018 vom 28. Mai 2019.

wenischen Gesellschaft sowie deren schweizerischen Tochtergesellschaft, als Verkäuferinnen, über den Kauf von elektronischen Drehstromzählern. Am 29. August 2012 informierte die slowenische Verkäuferin die Käuferin über mögliche Haarbildungen und damit zusammenhängende Messfehler bei einem bestimmten Drehstromzähler. Die Käuferin erklärte daraufhin sämtliche Kaufverträge zufolge Grundlagenirrtums als unverbindlich und verlangte die Rückerstattung des Kaufpreises samt Zinsen gegen Herausgabe der Stromzähler.

Vor Bundesgericht stellte sich u.a. die Frage, ob die Ansprüche der Verkäuferin nach den Bestimmungen des CISG oder nach den materiellen Bestimmungen des OR (unter Ausschluss des CISG) zu beurteilen waren. Das Bundesgericht wies in seinem Urteil zunächst darauf hin, dass für die massgebende Frage, ob ein Vertrag international im Sinne von Art. 1 Abs. 1 lit. a CISG sei, aufgrund der autonomen Auslegung des CISG nicht auf nationales Recht zurückgegriffen werden dürfe. Aus Sicht des CISG sei nicht nötig, dass alle sich gegenüberstehenden Parteien eine Niederlassung in verschiedenen Vertragsstaaten haben. Stattdessen müsse genügen, wenn, wie vorliegend, eine der beiden Verkäuferinnen ihren Sitz in einem anderen Mitgliedstaat habe; dies gelte erst recht, wenn die in der Schweiz ansässige Verkäuferin erst nachträglich als Vertragspartei hinzugetreten ist.

Der Einwand der Käuferin, dass die Parteien durch eine Rechtswahl zugunsten des OR das CISG ausgeschlossen hätten, wurde vom Bundesgericht nicht gehört. Die Wahl des Rechts eines Vertragsstaates führe nicht zum impliziten Ausschluss des CISG. Vielmehr seien für einen konkludenten Ausschluss des CISG weitere Anhaltspunkte notwendig, die klar auf einen Ausschluss hinweisen. Auch ein nachträglicher impliziter Ausschluss bedürfe konkreter Anhaltspunkte und eines einvernehmlichen Parteiwillens. Ein blosses Prozessverhalten (z.B. indem beide Parteien auf Grundlage eines bestimmten nationalen Rechts argumentieren) sei hierfür in der Regel nicht hinreichend.

Schliesslich führte das Bundesgericht aus, dass der Vorbehalt gemäss Art. 4 lit. a CISG, wonach das CISG vorbehaltlich anderer Bestimmungen nicht die Gültigkeit des Vertrages oder einzelner Bestimmungen betreffe, nur gelte, wenn das Übereinkommen die Angelegenheit nicht ausdrücklich selbst regle. Entscheidend sei also, ob eine Sachfrage von den Verfassern des CISG gesehen und mit einer funktional äquivalenten Lösung geregelt worden sei. Das CISG enthalte zwar keine Bestimmungen über Willensmängel, die auf Erklärungshandlungen oder schuldhafter Irreführung beruhen. Hingegen regle es die vertragliche Beschaffenheit der Kaufsache, welche eine funktional äquivalente Regelung zum Grundlagenirrtum gemäss OR darstelle. Es bestehe kein zwingendes rechtspolitisches Bedürfnis, die Regeln des OR hier konkurrierend zur Anwendung zu bringen. Ein Rückgriff auf nationales Recht zur Anfechtung der

Gültigkeit zufolge Irrtums betreffend Eigenschaften der Kaufsache würde den im CISG vorgenommenen Interessenausgleich stören und die angestrebte Vereinheitlichung der Anspruchsgrundlagen untergraben. Aus diesem Grund sei für Ansprüche im Zusammenhang mit der vertraglichen Beschaffenheit der Kaufsache ausschliesslich das CISG anwendbar und die Beschwerde der Käuferin entsprechend abzuweisen.

2. Vertragserfüllung und Haftung

2.1 *Negativzinsen bei einem Darlehensvertrag*[3]

Im vorliegenden Entscheid musste sich das Bundesgericht mit der Frage auseinandersetzen, ob ein Darlehensgeber aufgrund des negativen Zinsumfelds Zinszahlungen an den Darlehensnehmer leisten muss.

Hintergrund dieses Urteils ist ein Darlehensvertrag über CHF 100'000'000 mit einer Laufzeit von 20 Jahren, der vom Darlehensnehmer und Darlehensgeber am 20. Juli 2006 abgeschlossen wurde. Die am 10. August 2006 beginnende Verzinsung des Darlehensbetrages, wurde in der Höhe des 6-Monats-LIBOR-CHF zuzüglich eines fixen Zinssatzes von 0.0375 % p.a. vereinbart, wobei die Zinszahlung jeweils halbjährlich fällig wurde.

Als Folge der im Januar 2015 durch die Schweizer Nationalbank eingeführten Negativzinsen auf Girokontoguthaben und ihrer Beendigung von Stützungskäufen zur Aufrechterhaltung des EUR/CHF-Kurses von 1.20 sank der dem Darlehensvertrag zugrundeliegende 6-Monats-Libor-CHF-Satz in einen negativen Zinsbereich. Gestützt darauf und auf die vertraglich festgelegte Zinsberechnung verlangte der Darlehensnehmer die Zahlung von CHF 180'000. Unter Berufung auf die Tatsache, dass der Vertrag keine Zahlung an den Darlehensnehmer im Falle eines Negativzinses vorsehe, verweigerte der Darlehensgeber die Zahlung. Nach Abweisung der geltend gemachten Forderungsklage gelangte der Darlehensnehmer mit Beschwerde in Zivilsachen ans Bundesgericht.

Das Bundesgericht erwog zunächst, dass der Darlehenszins die Gegenleistung für die Zurverfügungstellung der Darlehenssumme während einer bestimmten Zeitdauer darstelle und dementsprechend der Negativzins keinen Zins im Sinne des Obligationenrechts darstellen könne. Darüber hinaus wies das Bundesgericht darauf hin, dass der Darlehensnehmer mit Abschluss des Darlehensvertrags grundsätzlich die Verpflichtung zur Rückerstattung der Darlehenssumme eingehe, wobei aber aufgrund des nicht zwingenden Charakters auch eine abweichen-

---

[3] BGer 4A_596/2018 vom 7. Mai 2019.

de Regelung denkbar wäre. Nichtsdestotrotz stelle die Vereinbarung von Negativzinsen eine Beeinflussung des vertraglichen Gleichgewichts dar, da die Zinsen nicht mehr die Gegenleistung für die Zurverfügungstellung der Darlehenssumme, sondern eine weitere Verpflichtung des Darlehensgebers beinhalten. Eine vertragliche Vereinbarung, nach welcher Negativzinsen geschuldet sind, stelle einen atypischen Darlehensvertrag bzw. einen Innominatvertrag dar.

Das Bundesgericht schloss sich folglich der Meinung der Vorinstanz an, dass eine subjektive Auslegung des Darlehensvertrages nicht möglich sei und legte den Vertrag daher gemäss dem Vertrauensprinzip aus. Es erinnerte daran, dass der zwischen den Parteien abgeschlossene Darlehensvertrag keine Regelung für den Fall enthalte, dass der 6-Monats-Libor-CHF ein negatives Niveau erreiche und damit eine Umkehr der Zinszahlungspflicht bewirken würde. Vielmehr enthalte der Vertrag mehrere Bestimmungen, welche ausschliesslich die Zinszahlungspflicht des Darlehensnehmers zum Gegenstand hätten. In der Lehre werden hinsichtlich der Rechtsfolgen bei einem negativen Referenzzinssatz drei Meinungen vertreten: Die erste Lehrmeinung geht von der Annahme aus, dass der Gesamtzinssatz aufgrund fehlender Regelung im Darlehensvertrag nicht unter die Marge der Bank sinken könne. Die zweite Meinung vertritt die Ansicht, dass der Gesamtzinssatz zwar bis auf 0 % sinken könne, jedoch nicht darunter. Gemäss der dritten Lehrmeinung schliesslich sei auch eine den Darlehensgeber treffende negative Zinszahlungspflicht möglich. Diese Ansicht lasse sich jedoch nicht auf eine objektive Vertragsauslegung stützen. Die im Darlehensvertrag vereinbarte fixe Marge von 0.0375 % diene dem Darlehensgeber als Kompensation für die Kosten und eingegangenen Risiken. Ohne das Vorliegen einer bestimmten Abrede sei zwar vertretbar, dass die Parteien die Marge nicht als Mindestertrag zugunsten des Darlehensgebers vereinbaren wollten, hingegen nicht, dass Darlehen im kaufmännischen Verkehr verzinslich seien. Die im konkreten Darlehensvertrag vereinbarte halbjährliche Zinszahlung spreche für eine periodische Gegenleistung und damit für den Erhalt einer fixen Zinszahlung unabhängig der Entwicklung des Referenzzinssatzes. Zudem sei nicht ersichtlich, dass die Parteien zum Zeitpunkt des Vertragsschlusses am 20. Juli 2006 mit einem negativen Zinssatz gerechnet hätten, weshalb das Ergebnis einer objektiven Vertragsauslegung nicht die Zinszahlungspflicht des Darlehensgebers zum Ergebnis haben könne. Die Frage, ob die Marge in Form des fixen Zinssatzes geschuldet sei, wurde vom Bundesgericht schliesslich offengelassen, da der Darlehensgeber den entsprechenden Betrag nicht gerichtlich geltend machte.

Die Beschwerde des Darlehensnehmers wurde deshalb abgewiesen.

2.2 Haftung aus Optionsgeschäften in der Vermögensverwaltung[4]

In BGer 4A_449/2018 ging es um die Haftung der Bank für Verluste aus Optionsgeschäften.

Konkret hatte ein russischer Geschäftsmann im Jahr 2006 Vermögen im Wert von über USD 8'400'000 auf eine Schweizer Bank transferiert, um sie dort zu Anlagezwecken auf mehrere Depotkonten verbuchen zu lassen. In den Folgejahren reduzierte sich der Wert der Vermögenswerte auf den Depots infolge riskanter Investitionen (u.a. in Optionen) substanziell, sodass im März 2014 nur noch rund USD 500'000 vorhanden waren. Der Bankkunde erhob daraufhin Klage gegen die Bank.

Im anschliessenden Verfahren vor dem Handelsgericht Zürich war insbesondere streitig, ob es sich bei der Geschäftsbeziehung um ein sog. "Execution-only-Verhältnis", einen "Anlageberatungsvertrag sui generis" oder einen "De-Facto-Vermögensverwaltungsvertrag" handelte. Das Handelsgericht qualifizierte die Geschäftsbeziehung mangels Nachweisbarkeit eines weitergehenden Anlageberatungsverhältnisses als Execution-only-Verhältnis und kam deshalb zum Schluss, dass die selbstständig praktizierte und in der Folge verlustreiche Anlagetätigkeit durch das Vertragsverhältnis nicht gedeckt gewesen sei. Da die Bank keine hinreichende Genehmigung der Transaktionen nachweisen konnte, sprach das Handelsgericht dem Kunden eine entsprechende Schadenersatzzahlung zu.

Gegen dieses Urteil gelangte die Bank mit Beschwerde in Zivilsachen ans Bundesgericht. Das Bundesgericht fasste zunächst die von der Rechtsprechung anerkannte Trias derartiger Geschäftsbeziehungen zusammen, welche je nach tatsächlich erbrachter Leistung unterschiedliche Aufklärungsfolgen seitens der auftragsnehmenden Bank zur Folge hat. Während beim reinen Execution-only-Verhältnis grundsätzlich keine Beratungs- und Aufklärungspflicht bestehe, treffe die Bank beim Anlageberatungsvertrag je nach Intensität des Beratungsverhältnisses sowie Erfahrungen und Kenntnissen des Kunden eine Pflicht zur Auskunftserteilung über die mit den Geschäften verbundenen Risiken. Beim Vermögensverwaltungsvertrag gehe diese Aufklärungspflicht gar noch weiter, indem die Bank zur regelmässigen und umfassenden Berichterstattung über das Erreichen der vereinbarten Anlageziele verpflichtet sei.

Im Gegensatz zum Handelsgericht qualifizierte das Bundesgericht das Vertragsverhältnis der Parteien als Vermögensverwaltungsvertrag. Die Bank habe aufgrund der Genehmigungen des Bankkunden in Treu und Glauben davon ausge-

---

[4] BGer 4A_449/2018 vom 25. März 2019.

hen dürfen, dass der Kunde mit einer gewissen Handelsaktivität einverstanden war. Indes lagen laut dem Bundesgericht keine Nachweise vor, dass die Bank den Kunden hinreichend über die mit der Anlagestrategie verbundenen Risiken informiert habe. Damit habe die Bank gegen ihre vertraglichen Pflichten verstossen. Die fehlende Aufklärung sei ferner adäquat kausal gewesen für den eingetretenen Schaden, da die Bank ohne eine solche Aufklärung von sich aus keine riskanten Anlagegeschäfte hätte tätigen dürfen.

Betreffend Schadenssubstantiierung schliesslich führte das Bundesgericht aus, dass es beim Vermögensverwaltungsvertrag grundsätzlich der Bank obliege, den geltend gemachten Schadensersatzanspruch (in Höhe der Differenz zwischen tatsächlichem und hypothetischem Vermögensstand bei vertragsgemässer Erfüllung) substantiiert zu bestreiten. Der Kunde, der vorliegend zudem lediglich den entstandenen Verlust und nicht etwa potentielle, entgangene Gewinne geltend machte, sei nicht zum Nachweis verpflichtet, da bei korrekter Vertragserfüllung der Entscheid über die konkreten Geschäfte in der Verantwortung der Bank läge.

Das Urteil des Handelsgerichts Zürich wurde daher, wenn auch mit abweichender Begründung, bestätigt und die Beschwerde der Bank vollumfänglich abgewiesen.

3. Schadenersatz und Schadenersatzberechnung

Merkantiler Minderwert bei Immobilien[5]

In BGer 4A_394/2018 befasste sich das Bundesgericht erstmals ausführlich mit den verschiedenen Methoden zur Berechnung des merkantilen Minderwertes bei Immobilien. Dabei ging es, unter Einbezug der deutschen und österreichischen Rechtsprechung, insbesondere auch auf die Unterschiede zum Ersatz des merkantilen Minderwertes bei Motorfahrzeugen ein.

Im konkreten Fall ging es um einen auf Baumängel zurückzuführenden Wassereinbruch bei drei erstellten Einfamilienhäusern, infolgedessen die Eigentümer den merkantilen Minderwert gegenüber dem verantwortlichen Generalunternehmer geltend machten. Insbesondere zu klären war, ob und in welcher Höhe den Eigentümern ein Ersatzanspruch auf den merkantilen Minderwert gegen den Generalunternehmer zusteht.

Das Bundesgericht hielt zunächst in allgemeiner Weise fest, dass die Schadensberechnung für obligationenrechtliche Ersatzansprüche grundsätzlich mittels der

---

[5] BGer 4A_394/2018 vom 20. Mai 2019.

Differenztheorie erfolgt. Demnach entspricht der Schaden der Differenz zwischen dem gegenwärtigen Vermögensstand des Geschädigten und dessen hypothetischen Vermögensstand ohne das schädigende Ereignis. Dieser Vergleich hat in der Regel zum Urteilszeitpunkt zu erfolgen, muss jedoch in Fällen fortlaufender Schadensentwicklung mittels Prognose antizipiert und damit abweichend im Rahmen des richterlichen Ermessens festgelegt werden.

Oben genannte Haftungsgrundsätze finden auch bei der Berechnung des merkantilen Minderwertes Anwendung. Demzufolge muss bei der Schadensberechnung ein allfälliger Rückgang des merkantilen Minderwertes über den Zeitverlauf berücksichtigt werden, sofern diese Änderungen voraussehbar sind. Vielfach ist naheliegend, dass das Misstrauen des Marktes gegenüber einer beschädigten Sache im Zeitverlauf abnimmt und das schadensstiftende Ereignis in Vergessenheit gerät, wodurch sich auch der merkantile Minderwert verflüchtigt. Das Bundesgericht spricht sich im Sinne eines sachgerechten Ergebnisses für eine gerichtliche Beurteilung im Einzelfall aus.

In diesem Zusammenhang differenziert das Bundesgericht schliesslich zwischen verschiedenen Arten von Sachen, die eine merkantile Wertverminderung erfahren können:

Bei Motorfahrzeugen ist das Bundesgericht (in Bestätigung seiner Rechtsprechung) der Auffassung, dass ein erlittener Schaden aus merkantilem Minderwert regelmässig von dauerhafter Natur sei. Die merkantile Wertverminderung nehme aufgrund des Wertverfalls von Konsumgütern im Zeitverlauf ab und sei nicht auf eine Wiederherstellung des Marktvertrauens in die Sache zurückzuführen. Die Prüfung im Einzelfall bleibe auch hier vorbehalten, wobei insbesondere das Alter des Fahrzeugs sowie die Art der erfolgten Reparaturen in die Beurteilung miteinflössen. Die Schadensberechnung sowie der Schadensnachweis können daher abstrakt erfolgen.

Anders verhalte sich die Entwicklung des merkantilen Minderwertes demgegenüber bei Immobilien, da Immobilien vergleichsweise langlebige und wertvolle Wirtschaftsgüter darstellen. Gemäss Bundesgericht entspricht es der allgemeinen Verkehrsauffassung, dass ein schadensstiftendes Ereignis keine langfristige Wertverminderung bei einer Immobilie bewirkt. Stattdessen handle es sich regelmässig nur einen vorübergehenden Schaden, der spätestens nach 15 Jahren bedeutungslos werde. Der Nachweis des merkantilen Minderwerts müsse daher konkret erbracht werden, beispielsweise im Rahmen eines Verkaufs der Immobilie.

Da die Kläger keinen bleibenden, unveränderlichen Schaden nachweisen konnten, wies das Bundesgericht die Klage ab, soweit sie den Schadensersatz aufgrund eines merkantilen Minderwerts betraf.

4. Verjährung und Verjährungsunterbrechung

4.1 Verjährung bei Irrtum und absichtlicher Täuschung[6]

In Urteil 4A_286/2018 musste das Bundesgericht über das Vorliegen von Täuschung bzw. Irrtum im Rahmen eines Grundstückkaufvertrags urteilen.

Ausgangspunkt des Streits war ein öffentlich beurkundeter Kaufvertrag über ein Grundstück in der Nähe des Flughafens Genf-Cointrin. Wegen der täglichen Überflüge von Flugzeugen, die von diesem Flughafen aus landen und starten, überschritt der Lärmpegel auf dem fraglichen Grundstück die gemäss Anhang 5 LSV anwendbaren Lärmbelastungsgrenzwerte. Neubauten waren deshalb nur mit Ausnahmebewilligung zulässig.

Im Rahmen der öffentlichen Beurkundung des Grundstückkaufvertrags machte der Notar die Käuferin auf die besagten, und im Vertrag festgehaltenen, öffentlich-rechtlichen Eigentumsbeschränkungen aufmerksam. Die Käuferin erklärte, dass sie aufgrund der Vorabklärungen ihres Architekten davon ausgehe, dass ihr die Baubewilligung erteilt werde und sie deshalb das Grundstück bebauen werden könne.

Das Baugesuch der Käuferin wurde in der Folge aber abgelehnt. Die Käuferin machte daraufhin Täuschung und / oder Grundlagenirrtum geltend und verlangte Rückerstattung der geleisteten Anzahlung. Nachdem die Vorinstanz die Klage abgewiesen hatte, gelangte die Käuferin mit Beschwerde in Zivilsachen vor das Bundesgericht. Dort machte sie geltend, die Vorinstanz habe ihre Forderung zu Unrecht gemäss Deliktsrecht (Art. 41 ff. OR) und Bereicherungsrecht (Art. 62 ff. OR) als verjährt angesehen. Das Bundesgericht liess die Frage, ob die Forderung verjährt sei, indes unbeantwortet. Nach Ansicht des Bundesgerichts lag nämlich weder eine absichtliche Täuschung, noch ein Grundlagenirrtum der Käuferin vor. Die Käuferin sei vor Unterzeichnung vom Notar auf die Eigentumsbeschränkung hingewiesen worden. Die Käuferin habe sich trotzdem zum Kauf entschieden, weil sie davon ausgegangen sei, dass eine Ausnahmebewilligung immer gewährt würde. Letztlich wäre es aber an der Käuferin gewesen, sich über die Erteilung von Ausnahmebewilligungen zu erkundigen. Im Übrigen stelle der Irrtum über eine künftige Erteilung der Ausnahmebewilligung

---

[6] BGer 4A_286/2018 vom 5. Dezember 2018.

auch keinen Grundlagenirrtum dar. Eine solche Bewilligung setze eine Interessenabwägung voraus und hänge von der Beurteilung der Umstände durch die Behörde ab. Vorliegend habe die Käuferin nicht dargetan, weshalb sie objektiv betrachtet sicher davon ausgehen konnte, dass die Baubewilligung erteilt werden würde. Namentlich sei es unzureichend, geltend zu machen, es habe kürzlich in einer noch näher beim Flughafen Genf-Cointrin gelegenen Zone gebaut werden können. Ebenso wenig helfe die blosse Tatsache, dass im Jahre 2002 die Baubewilligung für ein Bauprojekt auf einem anderen Grundstück im selben Quartier erteilt worden sei.

Die Beschwerde der Käuferin wurde deshalb vom Bundesgericht abgewiesen.

4.2 Verjährung des Anspruchs aus ungerechtfertigter Bereicherung[7]

Gegenstand des Urteils 4A_586/2018 bildete die Frage, wie sich mangelhafte Gebührenaufstellungen in Bankunterlagen auf die Kenntnis des daraus resultierenden auftraggeberseitigen Bereicherungsanspruchs auswirken.

Ausgangspunkt der Streitigkeit war ein Vermögenverwaltungsvertrag zwischen einer Finanzgesellschaft und ihrem Kunden über dessen Depot bei einer Bank in Lausanne. Die Parteien schlossen u.a. einen Gebührenvertrag ab, welcher es der Finanzgesellschaft erlaubte, Verwaltungsgebühren und Performancegebühren direkt dem Bankkonto des Auftraggebers zu belasten. Im Laufe der Vertragsbeziehung entwickelte sich das Depot des Auftraggebers negativ, was dieser bei der Finanzgesellschaft reklamierte. Als Entgegenkommen unterzeichneten die Parteien am 8. März 2007 eine "Sistierungsvereinbarung", in der sie sich einigten, die Gebühren auszusetzen, bis das Depot den ursprünglichen Wert von USD 4,2 Mio. wieder erreicht hatte. Trotzdem erhob die Finanzgesellschaft in den folgenden Jahren 2007 bis 2012 weitere Gebühren über USD 122'744.12. Der Auftraggeber kündigte daraufhin am 11. Juni 2012 das Vermögensverwaltungsmandat mit sofortiger Wirkung und forderte die Rückerstattung der belasteten Gebühren. Das Bezirksgericht verurteilte die Finanzgesellschaft zur Zahlung von USD 114'400. Nachdem das Kantonsgericht die dagegen erhobene Berufung abgewiesen hatte, gelangte die Finanzgesellschaft mit Beschwerde in Zivilsachen vor das Bundesgericht.

Vor Bundesgericht machte die Finanzgesellschaft u.a. geltend, dass die Vorinstanz die Verjährung der vom Auftraggeber geltend gemachten Bereicherungsansprüche zu Unrecht verneint habe. Das Bundesgericht erwog, dass die relative Verjährungsfrist ab dem Zeitpunkt beginne, ab welchem die entreicherte

---

[7] BGer 4A_586/2018 vom 5. September 2019.

Person tatsächliche Kenntnis des Anspruches erhalte. Dies beinhalte das Wissen um das ungefähre Ausmass des Vermögensschadens, die Grundlosigkeit der Vermögensverschiebung sowie die Person des Bereicherten. Im vorliegenden Fall ging die Belastung der Performancegebühren aus den Unterlagen der Jahre 2005 bis 2007 eindeutig hervor. Anschliessend war dies jedoch nicht mehr der Fall. Auch seien die Belastungsanzeigen ab dem Jahr 2007 nicht mehr vom Kunden unterzeichnet worden. Vor diesem Hintergrund sei nicht ersichtlich, inwiefern der Kunde von den Belastungen in den Jahren 2007 bis 2012 hätte Kenntnis erhalten sollen. Der Verjährungseinwand der Finanzgesellschaft wurde deshalb abgewiesen.

4.3 Verjährungsunterbrechung durch Anerkennung einer Forderung[8]

Im Urteil 4A_207/2018 befasste sich das Bundesgericht mit der Bedeutung einer Anerkennung einer verjährten Forderung.

Ausgangspunkt der bundesgerichtlichen Erwägungen war ein Strassenverkehrsunfall, welcher sich im Jahre 2001 ereignet hatte. Dem Versicherungsnehmer wurde im Jahr 2005 eine Invalidität von 75 % attestiert. Ein von der Unfallversicherung in Auftrag gegebenes Gutachten attestierte jedoch lediglich einen Invaliditätsgrad von 25 %. Auf dieser Grundlage unterbreitete die Unfallversicherung dem Versicherungsnehmer am 28. April 2008 einen Vergleichsvorschlag über CHF 125'000. Dieser wurde vom Versicherungsnehmer abgelehnt. Im November und Dezember 2010 sowie im Juni 2011 erklärte die Unfallversicherung, dass sie auf die Einrede der Verjährung verzichten würde, sofern diese nicht bereits eingetreten sei. Die Vergleichsverhandlungen endeten schliesslich im März 2012 mit einer Klage des Versicherungsnehmers. Die Unfallversicherung machte daraufhin die Verjährung geltend. Der Versicherungsnehmer entgegnete, dass der Vergleichsvorschlag vom 28. April 2008 eine Schuldanerkennung darstelle und deshalb mit dem vorgenannten Datum eine neue Verjährungsfrist zu laufen begonnen habe, auf welche die zweijährige Verjährungsfrist von Art. 46 Abs. 1 VVG anwendbar sei. Die genannte Verjährungsfrist sei zum Zeitpunkt der Erklärung des Verjährungsverzichts der Unfallversicherung noch nicht abgelaufen, weshalb die Erhebung der Verjährungseinrede nicht möglich sei.

Das Bundesgericht führte aus, dass eine Schuldanerkennung gemäss Art. 135 Ziff. 1 OR nur dann eine Unterbrechung der Verjährung mit anschliessendem Neubeginn der Verjährungsfrist bewirke, wenn die Schuldanerkennung während der laufenden Verjährungsfrist erfolge. Zwar sei dem Schuldner auch

---

[8] BGer 4A_207/2018 vom 22. Oktober 2018.

bei eingetretener Verjährung unbenommen, den Bestand einer Schuld anzuerkennen. Sofern er dabei aber nicht ausdrücklich oder stillschweigend auf die Verjährungseinrede verzichte, stehe ihm diese nach wie vor zu.

Die vom Versicherungsnehmer geltend gemachte Forderung war gemäss den Feststellungen des Bundesgerichts spätesten am 22. März 2005 verjährt. Eine Schuldanerkennung nach diesem Zeitpunkt habe folglich nicht mehr zur Unterbrechung der Verjährungsfrist führen können. Darüber hinaus stellte das Angebot der Versicherung keine als Schuldanerkennung dar, sondern ein Vergleichsvorschlag, der bei Annahme einen neuen Vertrag bewirkt hätte. Schliesslich erwog das Bundesgericht, dass die vom Versicherer geäusserten Verjährungsverzichtserklärungen zu einem Zeitpunkt erfolgten, in welchem die Verjährung der Forderung bereits eingetreten war. Der Verjährungsverzicht, der vorbehaltlich einer bereits eingetretenen Verjährung ausgesprochen wurde, könne der Versicherung deshalb nicht entgegengehalten werden.

Das Bundesgericht wies die Beschwerde des Versicherungsnehmers deshalb ab.